ULLSTEIN

Das Buch

Löwen sind großzügig, dominant und stehen immer gerne im Mittelpunkt. So sagt man. Aber wußten Sie, wie man in der Steinzeit einem menschenfressenden Löwen das Handwerk gelegt hat? Mit welchem Einsatz Löwen ihr Revier gegen höllische Nachbarn verteidigen? Und wohin ein Privatdetektiv mit Sternzeichen Löwe aus dem kalten Bremen flieht? Können Sie sich vorstellen, was dahintersteckt, wenn die Löwenmännchen im Zoo reihenweise an Nierenversagen sterben? Wenn ein alter Löwe sich noch einmal die Mähne färbt? Oder wenn ein Fisch aufs Trockene kommt, um den Löwen zu markieren?

In der Reihe *Astrokrimis* sind in unserem Hause erschienen:

Skrupellose Fische
Tödliche Widder
Erbarmungslose Stiere
Gefährliche Zwillinge
Tückische Krebse
Eiskalte Jungfrauen
Rätselhafte Waagen
Mysteriöse Skorpione
Geheimnisvolle Schützen
Kaltblütige Steinböcke
Dunkle Wassermänner

Mörderische *Löwen*

Mit Geschichten von:

Sabine Deitmer
Walter Satterthwait
Bärbel Balke
Anneli von Könemann
Jürgen Alberts
Richard Dreier

Ullstein

Die Reihe *Astrokrimis*
wird herausgegeben von

Thea Dorn
Uta Glaubitz und
Lisa Kuppler

Gesamtlektorat: Oliver Thomas Domzalski

Ullstein Taschenbuchverlag 2001
Der Ullstein Taschenbuchverlag ist ein Unternehmen
der Econ Ullstein List Verlag GmbH & Co. KG, München

Umschlagkonzept: Lohmüller Werbeagentur GmbH & Co. KG, Berlin
Umschlaggestaltung: Bezaubernde Gini, München, in Anlehnung an
die Originalausgabe, Reihengestaltung Moni Port, Eichborn Verlag
Titelabbildung: »Löwenjagd« von Peter Paul Rubens, 1621
(Bayerische Staatsgemäldesammlung [Alte Pinakothek], München)
© Artothek, Peissenberg
Satz: Fuldaer Verlagsagentur, Fulda
Druck und Bindearbeiten: Clausen & Bosse, Leck
Printed in Germany
ISBN 3-548-25178-1

Inhaltsverzeichnis

Walter Satterthwait
Der Menschenfresser von Poojeegai

Alle wollen vom Menschenfresser hören. »Erzähl uns was über den Menschenfresser, erzähl uns was über den Menschenfresser!« Manchmal frage ich mich – Leute, was ist bloß los mit euch? Habt ihr nichts Besseres zu tun? Ist euer Leben so langweilig?

Okay, meinetwegen. Der Menschenfresser. Und vergeßt nicht, nachher eure Spenden in den Hut zu werfen.

Es geschah damals, in der alten Zeit. Wenn man auf diese Zeit zurückblickt, kommt es einem vor, als hätte die Sonne immer vom strahlendblauen, wolkenlosen Himmel geschienen, als hätte sich das Gras immer in einer warmen, duftenden, sanften Brise gewiegt. Als wäre das Leben nahezu perfekt gewesen.

Das ist natürlich albern. Es kommt einem heute nur deshalb so vor, weil die Erinnerung ein so hervorragender Geschichtenerzähler ist, daß sogar ein alter Profi wie ich da nicht mithalten kann. Sie vergißt absichtlich ein paar Kleinigkeiten; Kleinigkeiten wie Höhlenbären, Säbelzahntiger und Seuchen, und poliert dann den Rest so lange auf, bis er funkelt und glänzt. Und wenn das nicht Geschichtenerzählen ist, dann weiß ich auch nicht.

Also. Der Menschenfresser.

Ich habe in der Höhle Eicheln gestampft, das war nämlich meine Aufgabe in der Arbeitsteilung, oder wenigstens eine meiner Aufgaben. Außerdem habe ich die Eicheln gesammelt, und wenn das Mehl fertig war, habe ich den Teig geknetet und daraus das Brot gebacken. Ursula, meine erste Frau, hat das Brot gegessen. Das war ihre Aufgabe.

Ich war beinahe fertig, als Ursula in die Höhle schlenderte.

»Du sollst zu Marta kommen«, sagte sie.

Ich spürte, wie sich mein Herz von der Innenseite der Brust löste und weit hinunterrutschen wollte. »Was will sie von mir?« fragte ich.

»Woher soll ich das wissen? Aber räum eben noch auf, bevor du gehst.«

Ursula war eine schöne Frau, mit dem beeindruckendsten Augenbrauenwulst, den ich je gesehen habe. Wie ein Sims überspannte er ihre in tiefen Höhlen sitzenden dunkelbraunen Augen und reichte von einem Ohr zum anderen. Manchmal träume ich heute noch von ihrer herrlichen Stirn. Aber ihr Naturell war manchmal etwas schwierig.

Ich stand auf und wischte mir das Mehl von den Armen. »Ansonsten hat Marta nichts gesagt?«

»Nein. Aber einer von diesen stinkenden Outlandern war bei ihr. Und dein Freund Berthold.«

Mein Mut sank.

»Du hast da Mehl am Kinn«, sagte Ursula.

*

Schon zwanzig Meter vor Martas Höhle roch ich den Mief des Outlanders.

In jenen Tagen hatten wir nicht viel Kontakt mit Outlandern. Das lag zum Teil daran, daß wir einige ziemlich strikte Tabus hatten, die uns den Umgang mit Fremden untersagten – und wenn jemand fremd war, waren es die Outlander –, aber vor allem lag es daran, daß sie, um es höflich auszudrücken, transpirierten. Es war ein widerwärtiger Geruch, ähnlich dem von Kreuzkümmel, aber unangenehmer, kräftiger und eindringlicher, der Geruch von schimmligem, verrottetem Kreuzkümmel. Er ist im Lauf der Jahre etwas weniger penetrant geworden. Oder meine Nase will nicht mehr so recht, genau wie die anderen Organe.

In der Höhle saß Marta auf ihrem rituellen Thron und hatte sich das rituelle Löwenfell um die Schultern gelegt. Gunnar, ihr Gemahl, saß vor ihr auf einem Stein, und Berthold, der Metbraumeister, saß auf einem anderen, mit seinem verdammten Ledersack zwischen den Beinen. Ein dritter Stein war von einem Outlander besetzt, der die üblichen Outlander-Klamotten trug: Lederhose und ein rotes Wollhemd. Um den Hals hatte er eine Kette aus schwarzen Perlen. Die Outlander legten großen Wert auf Schmuck.

Hier, im Gemach der Königin, stank es noch viel mehr. Ich sah, daß Gunnar die Nase rümpfte. Er war ein empfindsamer Bursche.

Ich nickte Marta zu. »Ich grüße Euch, Schlankste Aller Königinnen.«

»Willkommen, Doder, Sohn des Watt. Ich glaube, du kennst Bob, den Anführer der Outlander.«

Ich nickte ihm zu. »Hallo, Bob.«

»Hey, Mann«, sagte er. »Was geht ab?«

Obwohl er ziemlich seltsam redete, beherrschte Bob *Die Sprache* doch überraschend gut. Ich habe gehört, wie Leute sagten, die Outlander wären dumm; die Erfahrungen, die ich mit ihnen gemacht habe, sprechen allerdings eher dagegen. Ich gebe zu, daß sie komisch aussehen, mit diesen glatten weißen Körpern und den dünnen Haarbüscheln, die aus ihren winzigen Köpfen sprießen. Und sie haben ein paar abwegige Angewohnheiten – sie beten Donnergötter an und tragen Kleidung. Außerdem stinken sie natürlich. Aber ihren Verstand habe ich nie in Zweifel gezogen. Sie waren es schließlich, die Pfeil und Bogen erfunden haben – jagdmäßig auf jeden Fall eine deutliche Verbesserung im Vergleich zu früher, als man ein Mammut beschwatzen mußte, daß es doch bitte von der Klippe springen möge. Alles in allem sind das ziemlich kluge Burschen.

»Und Gunnar«, sagte Marta, »kennst du natürlich auch.«

»Hallo, Doder«, sagte Gunnar und hustete leise. Seine Augen tränten. Meine inzwischen auch. Die Ausdünstungen stiegen von Bob auf wie Gase aus einem Sumpf.

»Hallo, Gunnar«, sagte ich.

»Und dein alter Freund Berthold«, sagte Marta.

Das war zwar übertrieben, aber ich nickte trotzdem. »Berthold«, sagte ich.

Berthold musterte mich vom Stein herab mit seinem eigenartigen, geheimnisvollen Lächeln.

»Berthold«, sagte Marta, »braucht deine Hilfe.«

»Inwiefern, Euer Herrlichkeit?«

»Unter den Outlandern hat eine Tragödie stattgefunden.« Sie wandte sich an Bob. »Bitte erläutere es Doder.«

»Der Menschenfresser von Poojeegai«, erläuterte er.

»Was ist ein Poojeegai?« fragte ich.

»Das ist der Name des Dorfes, Mann. Unseres Dorfes.«

Ich hatte ihren Namen für das Dorf nicht gekannt. Wir nannten es immer das Stinkloch. »Und was ist ein Menschenfresser?« fragte ich weiter.

»So nennen wir ihn, Mann. Es ist ein Löwe. Er frißt Menschen. Er hat schon drei von uns gekillt. Erinnerst du dich an Tammy?«

»Ja.« Das war eins ihrer Weibchen.

»Sie war die erste. Letzte Woche. Am Wochenende hat er Wally den Wasserträger umgebracht. Und gestern hat's Art den Bogenschützen erwischt, Mann. Sein Freund Lou wollte ihn heute morgen abholen, und der arme Art war im ganzen Wohnzimmer verteilt.«

»Das tut mir wirklich leid«, sagte ich. »Was ist ein Wohnzimmer?«

»Das ist der Teil im Haus, wo wir die meiste Zeit rumhängen. Normalerweise ist es gleich neben der Küche, wo wir kochen. Du weißt doch, was kochen ist, oder?«

»Natürlich weiß ich, was kochen ist.«

»Ist ja auch egal, auf jeden Fall war Art da im ganzen Raum verteilt.«

»Schrecklich. Aber was hat Berthold damit zu tun?«

»Berthold hilft uns, das Vieh zu jagen.«

Ich sah den Metbraumeister an. »Das ist sehr edelmütig von dir, Berthold.« Ich wandte mich an Marta. »Euer Geschmeidigkeit, ich fürchte, ich kann Berthold dieses Mal nicht zur Hand gehen.«

»Und warum nicht?«

»Ich bin allergisch gegen Katzen. Große Katzen, kleine Katzen, alle Katzen. Ich kriege von ihnen Ausschlag.«

»Fürchte dich nicht«, sagte sie, eine Bemerkung, die mir, egal von wem sie kommt, immer enorm einfältig erscheint. »Die Große Mutter wird dich beschützen.« Marta war die örtliche Repräsentantin der Großen Mutter.

»Sicher, schon klar, Euer Schlankheit. Es ist nur leider so, daß –«

»Du warst Berthold eine große Hilfe in der Angelegenheit der Verschwundenen Halskette Aus Hübschen Blauen Steinen sowie auch bei der Geheimnisvollen Zerstörung Des Armen Ullrich.« Sie konnte das, in Großbuchstaben reden. Mir ist aufgefallen, daß Königinnen allgemein ein Talent dafür haben.

»Schon«, sagte ich, »aber –«

»Die Große Mutter hat gesprochen«, sagte sie.

»In Ordnung«, sagte ich. »Hundertprozentig.« Mit der Großen Mutter diskutierte man nicht.

Berthold stand auf und reichte mir seinen Ledersack. »Dann machen wir uns am besten gleich auf den Weg, okay, Doder?«

Ich nahm den Sack. Er war voll Kruken, und die Kruken waren voll Met. Und Berthold, wie üblich, auch.

*

Draußen nahm ich einen tiefen Zug frischer Luft. Sie war nicht so frisch, wie sie hätte sein können, weil Bob und sein Odeur mich begleiteten, aber sie war deutlich besser als die Luft in Martas Höhle. Berthold, der auf der anderen Seite von Bob ging, nahm gelegentlich einen Schluck aus einer seiner Kruken.

»Eins würde mich interessieren, Bob«, sagte er. »Habt ihr schon vorher Ärger mit dem Löwen gehabt, bevor er Tammy umgebracht hat?«

»Nein«, sagte Bob. »Tammy war die erste.«

»Und wie groß ist dieser Löwe?«

»Riesig, Mann. Mindestens drei Meter lang. Mußt dir mal die Spuren angucken.«

»Hast du den Löwen selbst gesehen?«

»Nee. Hat keiner, außer Leo.«

»Wenn ich mich recht entsinne, ist Leo blind, Bob.«

»Also, na ja, klar«, sagte Bob, »insofern, als er nichts sehen kann. Aber er ist Wahrsager, stimmt's? Und er ist Löwenexperte. Er ist ihm als Vision erschienen.«

»Ah. Aber rein optisch hat den Löwen keiner gesehen?«

»Nee. Erstens zeigt er sich nur nachts, wenn wir alle schlafen. Und zweitens ist es ein magischer Löwe.«

»Was meinst du mit magisch?«

»Er verschwindet, wann und wie er will. Wir haben versucht, ihn zu verfolgen, Mann. Aber die Spur geht nur bis zum Fluß runter und verschwindet da. Leo sagt, daß es ein Geisterlöwe ist.«

»Verstehe.« Er trank den Rest Met. »Doder?« Er reichte mir die leere Kruke hinter Bobs Rücken herum. »Noch eine, bitte.«

»Du mußt mal mit Leo reden«, sagte Bob.

»In der Tat«, sagte Berthold.

Ich gab Berthold eine frische Kruke. Das war meine Aufgabe in der aktuellen Arbeitsteilung.

Er zog den Korken heraus, gab ihn mir und nahm einen kräftigen Schluck. »Habt ihr Arts Leiche so liegenlassen, wie ihr sie gefunden habt?« fragte er.

»Klar. Alle wollten sie begraben, aber ich dachte mir, daß du sie erst sehen willst.« Wie wir hielten die Outlander den Tod für ansteckend, und wie wir begruben sie eine Leiche, sobald sie zu einer geworden war, sagten ein paar kurze Worte wie »Netter Kerl, schade um ihn«, und verbuddelten sie, so tief es ging.

»Ausgezeichnet«, sagte Berthold und trank einen Schluck Met.

Wir überquerten den Mastodon-Pfad, kamen an den Fluß und gingen eine Weile am Ufer entlang. Es war ein schöner Tag, einer dieser hellen, strahlenden Tage, die die Erinnerung immer vervielfacht. Der Himmel war blau, die Sonne schien, das Gras glänzte auf den Weiden. Es ging eine sanfte warme Brise, die vermutlich auch noch duftete, was ich aber nicht feststellen konnte, weil Bob neben mir ging.

Wir brauchten fast vier Stunden bis zum Outlander-Dorf; riechen konnte ich es allerdings schon nach dreieinhalb. Und das, obwohl Bob neben mir ging.

Als wir näher kamen, trafen wir auf ein altes Outlander-

Männchen, das mit einer Angelrute am Flußufer saß. Angelruten waren auch so eine Verbesserung der traditionellen Methoden, die die Outlander erfunden hatten. Die traditionelle Methode bestand darin, im Fluß zu stehen und die Hände ins Wasser baumeln zu lassen, bis ein Fisch dazwischen schwamm und sich ergab. Im allgemeinen taten das nicht viele.

Für einen Outlander hatte der alte Angler einen großen, stark behaarten Kopf. Als er sich zu uns umdrehte, wallte die buschige weiße Mähne über die Schultern seines roten Wollhemds. Seine Augen waren ebenso weiß wie seine Haare.

Bob sagte etwas in outlandischem Kauderwelsch, und das Männchen antwortete entsprechend.

»Das ist Leo«, sagte Bob zu mir. »Er ist unser Löwenexperte.«

Berthold konnte Outlandisch sprechen und tat das jetzt. Die leeren Augen des alten Männchens weiteten sich, er brabbelte irgendeine Antwort, und dann plapperten die beiden fröhlich aufeinander ein. Berthold behauptete, Outlandisch sei eine schöne Sprache, exakt und elegant, aber für mich klang es immer, als würde eine Schachtel voller Kieselsteine einen Berg hinunterpurzeln.

»Sie sprechen über den Löwen«, hielt Bob mich auf dem laufenden.

Doch das Männchen sprach nicht nur. Es formte die Hände zu Klauen und schlug damit durch die Luft. Es brüllte. Es zog die Schultern hoch, fletschte die Zähne, warf finstere Blicke nach links und rechts und krümmte die Hände noch einmal zu Klauen. Wie Bob trug auch er eine Kette, aber die bestand aus sechs oder sieben Löwenkrallen, die aneinanderklapperten, während er mit den Armen herumwedelte.

Es war eine gute Vorführung und dauerte ungefähr zehn Minuten. Berthold sah sich das Ganze ruhig an und trank von Zeit zu Zeit einen Schluck aus seiner Kruke. Hin und wieder übersetzte Bob ein paar Bruchstücke vom Monolog des alten Männchens für mich. »Er wohnt in einer Höhle im Mittelpunkt der Erde ... Er ist wütend auf uns, weil wir ihm nicht genug Opfer darbringen ... Er wird jeden töten, der versucht, ihn zu finden ...«

Na klasse, dachte ich.

Schließlich ging dem alten Outlander die Energie aus, oder ihm fiel einfach nichts mehr ein. Berthold sagte noch etwas. Das Männchen grinste, beugte sich vor, griff ins Wasser und zog ein Stück Schnur heraus. Am Ende zappelte ein gut einen halben Meter langer gelber Fisch. Berthold sagte etwas. Der alte Mann nickte stolz und brabbelte noch ein paar fröhliche Fetzen.

»Er möchte wissen«, erklärte Bob mir, »ob wir heute bei ihm zu Abend essen.«

»Nicht, wenn es diesen Fisch gibt«, sagte Berthold. »Das ist ein hochgiftiger Kraydon.«

»Yeah, schon klar«, sagte Bob. »Er denkt, es ist 'ne Forelle. Die Zwillinge tauschen ihn aus, wenn sie ihn zubereiten.«

»Die Zwillinge?« sagte Berthold.

»Seine Töchter. Geena und Leena. Sie sind die Dorfjungfrauen.«

»Dorfjungfrauen?« Das kam von mir. Mein erster Gesprächsbeitrag.

»Yeah, Mann. Sie sind heilig. Werden nächstes Jahr geopfert.«

»Geopfert?« sagte ich. *»Jungfrauen?«*

»Genau«, sagte Bob. »Dem Donnergott. Für die Ernte.«

»Aber das ist – *autsch*!« Berthold hatte mir vors Schienbein getreten.

»Das ist was?« fragte Bob.

»Doder wollte sagen, das ist ja wundervoll«, sagte Berthold. »Und ich finde, das mit dem Abendessen ist eine großartige Idee. Also, Bob, ich schlage vor, du zeigst uns jetzt Arts Haus.«

*

Als ich das letzte Mal im Dorf gewesen war, waren rastlose Outlander begeistert durcheinandergelaufen, wodurch das ganze Dorf natürlich zum Himmel stank; aber es hatte auch sehr farbenfroh gewirkt, wie sie in ihren roten Wollhemden lachten und scherzten, in ihrer kindischen Art, die Berthold immer so bezaubernd und ich immer so, na ja, kindisch fand. Heute jedoch wirkte das Dorf verlassen. Der Tod von drei Nachbarn kann der Begeisterung einen ziemlichen Dämpfer aufsetzen, selbst wenn man Outlander ist.

Das Haus von Art dem Bogenschützen stand am Dorfrand. Es war wie alle anderen ein weitläufiger Holzbau. In einem kleinen Gehege daneben befanden sich ein alter Steinbock und ein sehr erschöpft wirkender Widder. Beide beäugten uns mißtrauisch, als wir zur Haustür gingen. Ich atmete inzwischen nur noch durch den Mund.

Vor der Tür stand ein Outlander Wache; an seiner roten Schulter lehnte eine kurze Lanze. Er brabbelte etwas mit Bob. Bob brabbelte zurück und sagte zu mir: »Er fragt, wann sie ihn beerdigen können.«

Berthold sagte etwas zum Wachtposten, der sah erst Berthold, dann Bob an, zuckte die Achseln, trat zur Seite und ließ uns hinein.

Drinnen war alles in einem fürchterlichen Zustand. Die Einrichtung in Arts Haus war, wie alle outlandischen Möbel, aus Holz. Tische, Stühle und Schränke waren zerstört und die Einzelteile im ganzen Raum verteilt. Außerdem waren, wie Bob schon gesagt hatte, die Einzelteile von Art im ganzen Raum verteilt. Das größte Stück lag nackt in der Ecke; zusammengerollt zu einer steifen, zerkratzten und zerfetzten Kugel, aber einzelne Fetzen klebten an der Wand, auf dem Boden und ein paar sogar an der Decke. Überall summten wonnetrunkene Fliegen herum, die ihr Glück kaum fassen konnten.

Berthold ging durchs Zimmer und hockte sich neben die Leiche. »Doder?« sagte er und hielt eine leere Kruke hoch.

Ich holte eine frische aus dem Sack, zog den Korken heraus, ging zu ihm hinüber und reichte sie ihm. Die leere steckte ich in den Sack.

Berthold trank einen Schluck Met. »Was fällt dir auf, wenn du die Leiche ansiehst?« fragte er mich.

»Tja«, sagte ich. »Also, erstens ist sie ziemlich tot.«

Er maß mich mit mißbilligendem Blick. »Eine außerordentlich scharfsinnige Beobachtung.«

Er sah sich im Zimmer um. »Was ist das denn?« fragte er, stand auf und ging zu einem zerstörten Schrank. Er hockte sich wieder hin, schob ein paar Bretter und Holzklötze beiseite und legte drei goldene Figurinen frei. Die Outlander mochten goldene Figurinen, und sogar ich wußte, daß jeder von ihnen ein paar besaß. Diese waren ungefähr fünf Zentimeter lang. Es waren ein Fisch, ein Krebs und ein Skorpion.

Berthold drehte sich um und fragte Bob: »Sind das alle Figurinen, die Art besessen hat?«

»Er hat ziemlich zurückgezogen gelebt«, sagte Bob. »Ich mochte Art, aber ich weiß nicht viel von ihm. Du könntest mit Bill, dem Mann von Tammy, reden. Er hat viel mit ihm rumgehangen. Aber warum fragst du, Mann? Ein Löwe gibt sich doch nicht mit Figurinen ab.«

»Es sei denn, es handelt sich, wie Leo behauptet, um einen Geisterlöwen.« Er erhob sich. »Wo sind die Spuren, von denen du erzählt hast?«

»Kommt mit«, sagte Bob und führte uns durch das Zimmer und die Küche zur Hintertür. »Die stand offen«, sagte er, »als Lou die Leiche gefunden hat.« Er öffnete die Tür und zeigte auf den Boden. Der Lehm war hart und festgetreten durch die vielen Füße, die seit Jahren darübergelaufen waren; trotzdem erkannte man die Ballen der Löwenfüße und die tiefen Einkerbungen von Krallen.

»Groß, was, Doder?« sagte Berthold.

Groß war deutlich untertrieben. Der Löwe, der diese Spuren hinterlassen hatte, mußte riesig gewesen sein. »Wir wollen dieses Vieh doch nicht wirklich jagen?«

»Jetzt zumindest noch nicht. Bob, kannst du uns beschreiben, wo Bills Haus ist?«

»Ich kann es euch zeigen«, sagte Bob.

»Danke, aber das ist nicht nötig. Du hast doch bestimmt noch zu tun. Wenn du uns beschreibst, wie wir hinkommen, werden Doder und ich es bestimmt finden.«

»Okay, klar. Können wir ihn jetzt begraben?«

»Natürlich. Und zum Abendessen sehen wir uns bei Leo?«

»Klar.« Dann beschrieb Bob uns den Weg, und Berthold und ich gingen los.

Sobald wir außer Hörweite waren, sagte Berthold zu mir: »Doder. Bitte behalt deine Meinung in Zukunft für dich, wenn ich nicht direkt danach frage.«

»Wieso? Meinst du die Sache mit den Jungfrauen?«

»Genau. Es ist kein feiner Zug, sich über die Religion anderer Leute lustig zu machen.«

»Jungfrauen opfern? Das soll Religion sein?«

»Worin unterscheidet sich ihr Opfer von unserem? Zur Tagundnachtgleiche nächstes Frühjahr opfern wir Gunnar.«

»Ja, klar«, sagte ich, »aber so gehört es sich nun mal. Gunnar ist schließlich ein Mann. Wir reden hier über

Jungfrauen. Und zwar zwei. Okay, sie sind Outlander. Aber das ist trotzdem eine unglaubliche Vergeudung.«

»Ich kann deine Gefühle nachvollziehen. Aber es wäre mir lieb, wenn du sie und deine Meinung für dich behalten könntest, solange noch jemand anderes in der Nähe ist.«

»Okay«, sagte ich. »Schon okay.«

»Ich hätte gerne noch eine Kruke.« Er reichte mir die leere.

Es war niemand anderes in der Nähe, also erlaubte ich mir, meine Meinung zu sagen. »Du hast ja einen ganz schönen Zug am Leibe.«

»Das hier ist mindestens ein Drei-Kruken-Problem«, sagte er.

Ich gab ihm eine neue Kruke.

Bills Haus lag in der Dorfmitte, direkt am Versammlungsplatz. Es war etwas größer als Arts und in besserem Zustand. Im angrenzenden Gehege schnaubte ein gigantischer grauer Stier mit gewaltigen Hörnern. Als wir näherkamen, starrte er uns finster an. Direkt vor der Tür stand eine große Waage.

»Wozu ist die?« fragte ich Berthold.

»Bill ist der Steuereintreiber«, sagte er. »Für einen gewissen Anteil ihrer Ernte erhalten die Outlander dasselbe Gewicht in Kot von diesem Tier.« Er nickte in Richtung Stier. »Damit düngen sie im nächsten Jahr ihre Felder.«

»Sie geben einen Teil dessen, was sie produziert haben, und bekommen dafür Stierkot?«

»Ja.«

»Und das nennen sie ›Landwirtschaft‹?«

»Nein«, sagte er. »Sie nennen es ›Politik‹.«

»Warum weißt du soviel über sie?« fragte ich. »Über die Outlander?«

»Sie faszinieren mich. Ihre Begeisterungsfähigkeit, ihre Liebe zur Technik. Ich glaube, ihnen gehört die Zukunft.«

»Und was bleibt dann für uns?«

Er lächelte geheimnisvoll. »Uns bleibt die Vergangenheit.«

»Das soll wohl ein Witz sein.«

»Doder, du müßtest inzwischen gemerkt haben«, sagte er, »daß ich keine Witze mache.«

Mit dieser unbekümmerten Bemerkung stiegen wir die Stufen zum Haus hinauf, und Berthold klopfte an die Tür. Kurz darauf öffnete ein kleines Outlander-Männchen. Es trug das übliche Wollhemd, allerdings nicht in Rot, sondern in Grau. Berthold sagte etwas auf Outlandisch, und das Männchen trat zurück und bat uns durch Gesten herein.

Das »Wohnzimmer« war ähnlich eingerichtet wie das in Arts Haus, aber nicht verwüstet. Berthold sprach eine Zeitlang mit dem Outlander, der uns daraufhin über den Flur in ein Schlafzimmer führte.

Das war nun völlig verwüstet. Auf dem Schlafkasten lag eine zerfetzte, blutbefleckte Matratze, deren Strohfüllung aus den Rissen und Löchern im Stoff quoll. In der Holzwand waren mehrere tiefe Kratzer. Der Fußboden war mit dunklen Flecken übersät.

Der Outlander plapperte weiter, ging zum Fenster und öffnete es. Als Berthold ihm eine Frage stellte, runzelte er die Stirn, trat zu einem Schrank an der Rückwand des Zimmers und öffnete ihn. Er griff hinein und zog zwei goldene Figurinen heraus: einen Steinbock und einen Stier. Berthold stellte ihm ein paar Fragen, die der Mann beantwortete.

Dann sagte Berthold etwas anderes, der Outlander senkte den Kopf und ließ ihn einen Augenblick auf der Brust liegen. Als er ihn wieder hob, liefen ihm Tränen über die Wangen.

Berthold brabbelte noch ein paar Worte, und der Outlander nickte.

Berthold drehte sich zu mir um. »Komm, Doder.«

Draußen reichte er mir die leere Kruke. Ich nahm sie, gab ihm eine neue und fragte: »War das Bill, Tammys Mann?«

»Ja.«

»Warum hat der Löwe ihn nicht auch getötet?«

»Er war nicht da. Hat in einem anderen Dorf Verwandte besucht.«

»Glück gehabt.«

Berthold sah mich an. »Er hat seine Frau verloren, Doder.«

»Ach«, sagte ich. »Stimmt.« Berthold war natürlich nicht verheiratet.

Nachdenklich trank er einen Schluck Met.

»Hast du sonst noch etwas rausgekriegt?« fragte ich.

»Ein oder zwei Kleinigkeiten. Eine ist allerdings wichtig und möglicherweise sogar entscheidend.«

»Ja? Und die wäre?«

»Alles zu seiner Zeit.« So war er, der Berthold, sehr verschlossen. Wie ich später erfahren habe, wußte er zu diesem Zeitpunkt ziemlich genau, was im Dorf vorgefallen war. Man sollte meinen, daß er bereit gewesen wäre, dieses Wissen mit der Person zu teilen, die ihm seinen verdammten Sack hinterherschleppte.

Aber nein. »Zuerst«, sagte er, »müssen wir uns mit den Verwandten von Wally dem Wasserträger unterhalten.«

Also unterhielten wir uns mit den Verwandten von Wally dem Wasserträger: Wir gingen zum Haus seiner Tante und seines Onkels, und dann wollte das Brabbeln einfach kein Ende nehmen. Sie schafften wieder ein paar Gold-Figurinen herbei und brabbelten weiter, bis Berthold und ich schließlich gingen.

»Wozu sind diese Figurinen gut?« fragte ich, als wir draußen waren. »Was machen die Outlander damit?«

»Es sind Darstellungen von Sternbildern. Die Outlander glauben, daß die Sterne, und zwar besonders ein paar bestimmte Gruppierungen, unser Leben beeinflussen können.«

»Wieso? Das sind doch nur winzige Löcher im Abendkleid der Großen Mutter.«

»Die Outlander haben ein etwas anderes Glaubenssystem.«

»Kann man wohl sagen. Warum fragst du immer wieder nach den Figurinen?«

»Jeder der toten Outlander hatte eine kleine Sammlung. Aus jeder Sammlung fehlt eine Figurine.«

»Auch aus Arts?«

»Ja, glaubt Bill zumindest.«

»Na ja«, sagte ich. »Der Löwe hat sie ganz offensichtlich nicht genommen.«

Er lächelte. »Der Löwe«, sagte er, »hat ganz offensichtlich genau das getan.«

»Und was soll das jetzt heißen?«

»Alles –«

»Schon klar. Alles zu seiner Zeit.«

»Geduld, Doder.«

Er hatte leicht reden. Er brauchte keine zwanzig Kruken Met herumzuschleppen.

»Komm«, sagte er. »Wir müssen noch ein paar Outlander befragen.«

Das taten wir dann auch; drei oder vier in verschiedenen Ecken des Dorfs. Mehr Gebrabbel. Schließlich, als wir aus dem letzten Haus kamen, wandte Berthold sich an mich und sagte: »Ich glaube, es ist Zeit zum Abendessen.«

»Willst du wirklich in diesem Gestank essen?«

»Beim Abendessen wird nicht nur Nahrung aufgetischt.«

»Nicht? Was denn noch?«

»Manchmal«, sagte er mit geheimnisvollem Lächeln, »auch die Wahrheit.«

Die Wahrheit war, daß ich ihm in diesem Augenblick den Sack an den Kopf hätte hauen können.

*

Das Haus von Leo, dem Löwenexperten, war alt. Es stand in der Nähe der Stelle am Fluß, wo wir ihm zum ersten Mal begegnet waren. Als wir an die Tür klopften, machte Bob uns auf.

»Hey, Mann«, sagte er zu Berthold. »Kommt rein. Wie läuft's denn so?«

Leos Haus sah innen fast genauso aus wie die anderen, außer daß hier neben einem großen Eßtisch zwei Zwillinge standen. Es waren zwei genau gleich aussehende junge Weibchen mit den gleichen langen schwarzen Haaren: Sie trugen Ketten aus Löwenkrallen, makellos saubere Lederhosen und frischgewaschene rote Wollhemden. Sie waren schlank und gut gebaut, und ich nehme an, daß sie unter Outlandern als ziemlich hübsch galten. Natürlich hatte keine von ihnen einen Augenbrauenwulst wie Ursula, und unbehaarte Haut hat mir auch nie richtig gefallen. Aber als Exemplare ihrer Spezies waren sie recht ansehnlich, und ich fand es jammerschade, daß sie im nächsten Jahr geopfert werden sollten. Ich war ziemlich sicher, daß es selbst bei den Outlandern nicht allzu viele Jungfrauen gab.

»Es läuft gut, Bob, glaube ich zumindest«, sagte Berthold. »Und das sind gewiß die Zwillinge.«

»Oh, yeah. Das ist Geena und das Leena.«

Ich muß zugeben, daß sie mich sofort überraschten. Als Bob auf Outlandisch auf sie einbrabbelte, nickten sie lächelnd. Die linke, Geena, sagte zwar langsam, aber deutlich und fast ohne zu stocken: »Hey … Mann.« Die rechte, Leena, sagte: »Was … geht … ab?«

Berthold lächelte. »Meinen Glückwunsch. Ihre Aussprache ist ausgezeichnet.«

»Danke … Mann«, sagte Geena.

»Wir sprechen vier … unterschiedliche … Sprachen«, sagte Leena.

»Und alle außerordentlich gut, wie ich sicher annehmen darf«, sagte Berthold.

»Das Abendessen ist fast … fertig«, sagte Geena.

»Wir müssen gehen … Dad in der Küche helfen«, sagte Leena.

»Wir kommen gleich wieder«, sagte Geena.

Als sie gingen, drehte Bob sich zu Berthold und mir um und fragte: »Also. Wann fangen wir an, den Löwen zu jagen, Mann?«

»Ich jage ihn schon«, sagte Berthold, »seit ich hier angekommen bin.«

»Hä?«

»Alles zu seiner Zeit, Bob.«

Genau in diesem Augenblick betrat Leo das Zimmer und begrüßte uns mit einem herzlichen Kauderwelsch-Ausruf. Wenn man sah, wie er sich hier breit grinsend in seinem eigenen Haus bewegte, wäre man gar nicht darauf gekommen, daß er blind war. Er kam um den Tisch herum und reichte erst Berthold seine Hand, der sie begeistert schüttelte, und dann mir. Ich schüttelte sie auch; als keiner hinsah, wischte ich meine Hand am Vorhang ab.

Wir setzten uns an den Tisch, und die jungen Frauen servierten die Speisen. Es gab Salat und Fisch (jetzt Forelle, nicht den giftigen Kraydon). Während des Essens beschränkte sich die Unterhaltung auf Smalltalk. Die jungen Frauen zeigten ihre Redegewandtheit in *Der Sprache*. Berthold und Leo brabbelten drauflos. Bob fragte mich, warum ich nichts äße, und ich erzählte ihm, daß ich mich schon mittags vollgestopft hätte.

Beim Nachtisch – Kekse und Milch, die ich auch nicht runterbekam – lehnte Berthold sich plötzlich zurück und fragte Leena: »Sagen Sie, Leena, wer hat eigentlich die Nachbarn umgebracht? Sie oder Ihre Schwester?«

Bob, der den Mund voll Milch hatte, prustete alles über den Tisch. Zum Glück saß ihm niemand gegenüber.

»Wie bitte?« sagte Leena verwirrt.

»Es muß eine von Ihnen gewesen sein«, sagte Berthold. »Eine von Ihnen wurde nach jedem Mord gesehen. Keiner der Zeugen hat sich etwas dabei gedacht – schließlich wurden die Opfer von einem Löwen getötet.«

»Hey, Mann«, sagte Bob. »Das soll wohl ein Witz sein.«

»Wie Doder dir bestätigen kann, mache ich nie Witze. Doder –«

»Er macht nie Witze«, sagte ich.

Berthold runzelte ungeduldig die Stirn. »Doder, als du Marta erzählt hast, daß du allergisch gegen Katzen bist, hast du die Wahrheit gesagt, oder?«

»Absolut.« Man log nicht in Gegenwart der Repräsentantin der Großen Mutter.

»Wie heftig ist diese Allergie?«

»Sehr. Ich kriege schon Ausschlag, wenn ich in ein Zimmer komme, in dem eine Katze nur kurz gewesen ist.«

»Aber als du heute nachmittag in einem Haus warst, in dem ein Löwe gewesen sein soll, ist nichts geschehen.«

»Tja, nein«, gab ich zu. Ich blickte zu Leena und Geena hinüber, die sich verwirrt ansahen.

»Hey, Mann«, sagte Bob. »Diese Kratzer an Arts Leiche und an den anderen, die stammen von *Krallen.*«

»Ja«, sagte Berthold. »Von diesen Krallen«, er zeigte auf Leenas Kette, »oder von denen.« Er zeigte auf Geenas. »Genau wie die Löwenspuren auf dem Boden vor Arts Haus.«

Der alte Leo runzelte die Stirn; vielleicht spürte er, daß das Abendessen nicht wie geplant ablief. Er legte den Kopf auf die Seite und brabbelte irgend etwas.

»Aber das *waren* Löwenspuren«, sagte Bob.

»Jede der beiden Zwillinge weiß, wie Löwenspuren aussehen und wie man sie nachmacht. Schließlich ist ihr Vater hier der Löwenexperte. Beantworte mir eine Frage, Bob. Wenn ein Löwe deine Nachbarn getötet hat, warum hat das Vieh sie dann nicht gefressen?«

»Also, äh ...«

»Keins der Opfer wurde gefressen. Es sind keine Körperteile verschwunden. Ein paar hat man zwar etwas umarrangiert, aber es fehlt nichts. Nein, Bob. Eine der Schwestern hat deine Freunde umgebracht und dafür gesorgt, daß es so aussieht, als wäre es ein Löwe gewesen.«

»Wieso?«

»Damit niemand ihr wahres Motiv erkennt.«

»Und das wäre?«

»Diebstahl. Der Diebstahl einer goldenen Figurine. Jedem Opfer wurde eine gestohlen.«

Leo brabbelte etwas und drehte den Kopf hin und her.

Bob klopfte ihm auf die Schulter und fragte Berthold ungeduldig: »Warum sollten sie Figurinen klauen?«

»Um sich Zahlungsmittel zu verschaffen.«

»Aber sie *brauchen* keine Zahlungsmittel, Mann. Sie sind heilig, alle beide. Solange sie hier sind, bekommen sie, was sie wollen.«

»Genau. Solange sie hier im Dorf sind. Aber was ist, wenn eine verschwinden wollte?«

»Aber warum sollte sie das tun?«

»Um nicht geopfert zu werden.«

Bob schüttelte den Kopf. »Oh, nein, Mann. Das kann nicht stimmen. Geopfert zu werden, Mann, das ist 'ne *Ehre*.«

Berthold lächelte. »In diesem Punkt ist eine der Schwestern anderer Meinung als du, Bob.«

»Aber geopfert zu werden *ist* eine große Ehre«, sagte Geena.

»Eine große Ehre«, wiederholte Leena.

Leo brabbelte. Bob klopfte ihm wieder auf die Schulter und sagte zu Berthold: »Okay, okay. Paß auf. Ich sag nicht, daß du recht hast. Aber warum bist du so sicher, daß es nur eine war, und nicht beide?«

»Es wurde immer nur ein Zwilling gesehen.«

»Was ist«, sagte ich, »wenn sie sich abgewechselt haben?« Ich war ziemlich stolz auf diesen Einwurf.

»Absurd«, sagte Berthold. »Wenn beide beteiligt gewesen wären, hätten sie zusammengearbeitet, als es darum ging, die Toten so zuzurichten, daß sie wie Opfer von Löwenangriffen aussehen. Zwei Personen hätten die Leichen schneller zerkratzen und schneller die falschen Spuren legen können. Außerdem hätte man in diesem Fall hinterher beide Zwillinge gesehen. Aber es wurde immer nur eine von ihnen gesehen.«

Er wandte sich an Bob. »Die Frage ist, welche. Und ich glaube, ich kenne eine einfache Methode, das festzustellen.«

»Und die wäre?«

»Ihr müßt sie nur beide für vierundzwanzig Stunden unter schärfster Beobachtung in einen abgeschlossenen Raum sperren. Wißt ihr, ich glaube nämlich –«

»Das können wir nicht machen«, sagte Bob.

Berthold blinzelte überrascht. »Warum nicht?«

»Sie sind heilig, Mann. Vom Donnergott auserwählt. Das geht einfach nicht. Wir können sie nicht einsperren und überwachen. Nicht, solange sie nicht gegen eine Vorschrift verstoßen haben.«

»Eine von ihnen hat gegen eine Vorschrift verstoßen. Sie hat drei eurer Leute umgebracht.«

»Das behauptest du, aber du hast keinen Beweis.«

Leo brabbelte laut, knurrte fast. Bob fauchte etwas auf Outlandisch.

Berthold sah die beiden jungen Weibchen über den Tisch an. Ruhig erwiderten sie seinen Blick. Wenn eine von ihnen innerlich triumphierte, konnte sie es gut verbergen.

Während er die Frauen noch anstarrte, sagte Berthold:

»Bob, die Dorfbewohner haben mir erklärt, daß die Heiligkeit der beiden einzig und allein darauf beruht, daß sie Zwillinge sind. Ist das wahr?«

»Klar. Wenn sie keine Zwillinge wären und nicht gleich aussehen würden und so, dann wären sie bloß ganz normale Frauen.«

»Dann sollte man meinen, daß sie, die ja beide stolz darauf sind, als Opfer auserwählt zu sein, sich bemühen, gleich zu bleiben.«

»Selbstverständlich. Hast du nicht gesehen, wie sie gegessen haben? Wenn eine ein Stück Fisch ißt, ißt die andere ein ebenso großes Stück. Wenn eine zwei Kekse ißt, macht die andere das auch.«

»Ah.« Plötzlich lächelte Berthold den Weibchen zu. »Sie behaupten beide, daß Sie unschuldig sind, richtig?«

»Genau«, antworteten beide unisono.

»Dann hat sicher keine von Ihnen etwas gegen ein kleines Experiment einzuwenden, das dazu dient, diese Unschuld unter Beweis zu stellen.«

Die Weibchen sahen erst einander, dann ihn an. »Ich nicht«, sagte Leena. »Ich nicht«, sagte Geena.

»Vorzüglich. Dann treffen wir uns gleich alle bei Bills Haus.«

Ein paar Minuten darauf standen wir alle vor Bills Haus. Auf dem Weg hatte Bob Leo die Situation erklärt, der jetzt wütend brabbelte und mit den Armen wedelte. Bob versuchte, ihn zu beruhigen.

Der Anblick der Zwillinge, oder vielleicht auch der Anblick von Berthold und mir in ihrer Gegenwart, verursachte einen kleinen Auflauf. Die Outlander bildeten einen Kauderwelsch murmelnden Halbkreis um uns.

Berthold ging zu der großen Waage neben der Haustür. »Geena, stellen Sie sich bitte auf eine Seite der Waage.«

Geena sah ihre Schwester an und trat vor. Die Waage hatte zwei Holzschalen, die jeweils an Seilen hingen. Geena ergriff die Seile an einer Seite, zog die Schale zu sich herunter und stellte sich vorsichtig darauf. Die Schale senkte sich auf den Boden.

»Leena«, sagte Berthold. »Bitte stellen Sie sich auf die andere Seite.«

Leena zögerte. Sie warf einen Blick in die Runde.

Berthold lächelte. »Es dauert nur einen Moment.«

Leena ging zur anderen Seite der Waage, nahm die Seile und trat auf die Schale. Als die sich ein wenig senkte, wurde ihre Schwester vom Boden gehoben. Einen Augenblick lang schwankte die Waage mit den beiden Weibchen auf und ab.

Zwischen den beiden Schalen war eine Stange angebracht, die vor einem gebogenen Balken hin und her pendelte. Auf diesem Balken waren in gleichmäßigen Abständen Striche aufs Holz gemalt, die anzeigten, wie groß der Gewichtsunterschied zwischen den gewogenen Gegenständen war. Es war ein raffiniertes Gerät. Aber ich habe ja schon erwähnt, daß die Outlander ziemlich clevere Burschen waren.

Wir beobachteten, wie die beiden Weibchen ein Weilchen wippten; die eine ging hoch, die andere runter. Die Stange pendelte nach rechts und links.

Keiner sagte etwas. Irgendwie hatte Bob Leo zum Schweigen gebracht.

Schließlich hörten die Weibchen und die Stange auf, sich zu bewegen. Die Stange zeigte ein klein wenig nach links.

Leena wog ein bißchen mehr als ihre Schwester.

Bevor jemand, außer Berthold, verstand, was das bedeutete, sprang Leena von ihrer Schale. Ihre Schwester knallte so hart auf den Boden, daß ihre Knie unter ihr nachgaben, während Leena in Richtung Straße rannte.

Bob schnappte sie. Sie schlug mit der Faust nach ihm. Er hielt den Arm fest und drehte ihn hinter ihren Rücken. Mit dem linken Arm hielt er sie am Hals fest und fragte Berthold: »Was? Was ist los?«

Geena war aufgestanden. Sie lief zu ihrem Vater, der wieder zu brabbeln angefangen hatte.

»Nur eins konnte Leenas Plan durchkreuzen«, sagte Berthold. »Ein Gegenstand, der, wenn man ihn bei ihr fand, sie sofort als Schuldige überführt hätte.«

»Was denn?«

»Die letzte Figurine. Die, die sie heute morgen in Arts Haus gestohlen hat. Wenn man die Figurine bei ihr entdeckt hätte, wäre sie verloren gewesen.«

»Sie hat sie verschluckt«, sagte ich.

Berthold sah mich überrascht an. Dann lächelte er. »Sehr gut, Doder.« Er wandte sich wieder an Bob. »Sie hat sie in der Tat verschluckt. Wenn ihr sie zwei Tage einsperrt, wird die Figurine früher oder später –«

»Verstehe«, sagte Bob, der Mühe hatte, Leena festzuhalten. »Die Figurine wird, äh, zum Vorschein kommen.«

»Genau.«

*

Und das tat sie auch, wie Berthold mir am nächsten Tag erzählte.

Wie das Leben so spielt, hatte die Figurine die Form eines Löwen.

Berthold kriegte sich kaum wieder ein. Er fand es außerordentlich ironisch. Er mochte Ironie, der Berthold.

Mir gefällt an der Geschichte allerdings am besten, daß sie ein Happy-End hat. Natürlich nicht für Leena; die wurde geköpft und noch vor dem Frühstück am nächsten Morgen begraben. Aber für Geena. Als Leena nicht mehr da war, war sie kein Zwilling mehr, und die Outlander mußten die Idee fallenlassen, sie zu opfern. Nein, ich weiß nicht, was mit ihr geschehen ist. Ein paar Monate später ist jedenfalls Ursula, meine arme Frau, gestorben, und daraufhin bin ich –

Doch das ist eine andere Geschichte.

Und wenn ihr jetzt rausgeht, dann denkt an die Spende.

Aus dem Amerikanischen von Gunnar Kwisinski

Richard Dreier
Der Fisch im Löwenpelz

Ein hoher Ton war im Raum. Musik. Der Raum war schwarz. Und darüber war der Ton. Und über dem Ton lag ihre Stimme. Singend und schneidend zugleich.

Sie sprach.

Sie sprach zu ihm.

Er lag zu ihren Füßen.

Sie, die Göttliche, sprach zu ihm, und über ihm war das Sonnenbild an der schwarzen Wand.

Es war das Ziel: die Sonne über dem schwarzen Traum.

»Warum schweigst du«, sprach sie.

»Verzeih«, murmelte er.

»Was höre ich?« Ihre Stimme schwoll an.

»Verzeih!« wiederholte er.

»Aus dir wird nie etwas!« In ihrer Stimme war Verachtung. »Entschuldige dich niemals. Jede Entschuldigung ist eine Unterwerfung. Warum unterwirfst du dich, wenn du ein Eroberer sein willst?«

Er schwieg.

»Wie willst du das Land der Frauen betreten, mit einer Entschuldigung auf den Lippen. Die herrlichen Königinnen werden dich fertigmachen, bevor du es merkst.«

Er schwieg.

»Laß hören, was du willst«

»Komm, sag es mir«

»Sag es mir wieder und wieder«

»Du mußt dir sicher sein«
»Gewißheit ist der Trumpf«
»Genieße die Pracht«
»So soll es sein«

Der Ton drehte auf. Kreiste um den Raum. Kreiste ihn ein. Der Raum verschwamm. Es war wie Radio. Morgenradio. Die Musik wurde leise. Brach ab. Es folgten die neuesten Meldungen aus der Region.

»Jetzt haben wir drei Leichen, und was haben sie gemeinsam? Nichts!« Kommissar Brändel rannte hin und her, als gälte es heute noch die Marathonbestzeit unter Zuhilfenahme eines Polizeibüros zu verbessern.

»Trainierst du?« fragte Tanja Collins. Sie hockte lässig hinter dem Schreibtisch und grinste, während ihre Blicke dem Laufschritt des Kommissars folgten.

»Ich kriege noch einen steifen Nacken, wenn ich dich dauernd anschauen muß.« Sie lachte.

»Wenn es deiner Hirnarbeit nützt, kannst du ruhig einen steifen Nacken kriegen, was denn sonst«, erwiderte der Kommissar.

Es war der übliche Ton zwischen den beiden. Sie kannten sich seit knapp zwei Monaten. So lange arbeitete Tanja Collins in dieser Dienststelle.

Du hast einen neuen Partner, hatte Kosch gesagt. Kosch, das war Koschnik. Die meisten nannten ihn Kosch, einige auch Kojak, wegen seines kahlen Schädels. Im Unterschied zu Telly Savalas mußte er ihn nicht rasieren. Sein Kahlkopf war echt. Das Gerücht ging um, in Wirklichkeit sei er der echte Kojak. Savalas habe ihm die Rolle bloß weggeschnappt.

Kosch hatte also grinsend in der Tür gestanden, dann war er zur Seite getreten. Und hinter ihm, in der Tür, stand Tanja.

»Collins«, sagte sie, betrat den Raum, gab Brändel die Hand. Schönes Gesicht, blaue Augen. Mittellanges Weizenblond. Dreißig, dachte Brändel. Er dachte es ohne jede Absicht. Es war die Berufserfahrung. Sich die Leute gleich merken, einschätzen.

»Ich bin der Neue«, sagte Tanja und lachte.

Das war also vor zwei Monaten gewesen.

»Seit wann kennen wir uns, Tanja«, fragte der Kommissar plötzlich, ohne seinen Zimmerlanglauf zu unterbrechen.

»Weißt du doch«, entgegnete sie.

»Ich will es aber von dir hören.«

»Acht Wochen«, brummte sie.

»Aha«, sagte er, »acht Wochen. Und denkst du, acht Wochen des Kennenlernens reichen aus, damit man einen Menschen verarschen darf?«

»Kann«, sagte sie trocken.

»Wie bitte?«

»Kann, nicht darf. Fürs Können reicht's allemal. Außerdem kann ich dir sagen, was unsere drei Leichen gemeinsam haben.«

»Ja?«

»Den Schwanz.« Tanja prustete los.

Für einen Augenblick hatte sie den Eindruck, Brändel wolle sich auf sie stürzen.

»Das wäre denkbar schlecht für deine Karriere, laß es lieber.« Es war die Stimme von Koschnik, der unbemerkt den Raum betreten hatte. »Ist gar nicht so abwegig, was Tanja sagt«, fuhr er fort. »Schwänze haben schon mancherlei Gemeinsamkeiten hervorgebracht. Gehen wir die Männerleichen noch mal durch, vielleicht ergibt sich ja was.«

»Viel Spaß«, knurrte Brändel, während er sich hinter seinem Schreibtisch verschanzte und trotzig den Computer anwarf.

»Tanja wird die anderen Gemeinsamkeiten schon noch herausfinden«, sagte er mit einem kurzen Blick in ihre Richtung.

Die Musik kippte in sein Ohr. Es war ein gleichmäßiger hoher Ton, eine Melodie jenseits der Melodie. Räume öffneten sich, lange Tunnels, durch die er schwebte, in die er raste. Immer tiefer, immer weiter hinaus.

Ich, murmelte er fassungslos, aber keiner hörte ihn. Keiner bemerkte sein Staunen. Er war mit sich allein. Rettungslos allein.

Rundherum steuerten die Leiber aufeinander zu. Köpfe schwammen darüber. Köpfe waren wie Signale im Leibermeer, Orientierungspunkte, die die Handgriffe lenkten. Alle wollten zueinander, und keiner wußte so recht, wohin.

Noch einen *Seeschaum*, rief er dem Barmann zu, der gerade das Eis zerstieß. Warten, auf den nächsten Drink warten. Alles dauert so lange. Stimmen sind hier und überall, und nichts geschieht. Nichts. Die Bar ist ein Schlauch, ein schwarzer Schlauch, der die Menschen aufsaugt, an ihm vorbeisaugt.

Und da war der nächste *Seeschaum*. Und da war auch sie. Sie, die gegangen war, die ihn verschmäht hatte, sie, die Frau seines Lebens.

Er sah sie, und sie sah ihn nicht. Er war Luft für sie. Sie würde ihn nie wieder erkennen. Nie mehr. Warum?

Sie war ihm genommen worden. Er konnte es nicht fassen. Sie war vom Sog erfaßt worden, sie war weg.

Er sah sie. Und sie war wieder einmal nicht allein.

Der Mann trug ein rotes Stecktuch. Das war also diesmal das Erkennungszeichen.

Er sah sie, und sie sah ihn nicht.

Die Zeit dehnte sich, der *Seeschaum* trug ihn. Er saß am Meer, aber das Meer hatte keine Küste. Und er hatte kein Schiff.

Dann war sie weg, und der Mann war immer noch da, und die Musik drehte auf, und eine hohe Stimme sprach zu ihm mit ruhigen Worten. Sie lenkten ihn. Und sein Auge sah zu, wie der Mann nach hinten ging. Er folgte ihm. Und das wußte niemand.

»Wir habe den Vierten«, sagte Tanja, während sie ins Zimmer stürzte, direkt hinter ihrem Schreibtisch landete. Außer Atem.

»Guten Morgen«, sagte Brändel und führte seine Kaffeetasse an den Mund.

»Morgen«, Tanja blieb bei ihrem Thema. »Der Vierte«, wiederholte sie.

»Was?« Brändel sprang auf.

»Richtig«, sie nickte bedeutungsvoll, »die vierte Leiche. Heute morgen im Hinterhof beim *Vita Brevis* in der Witzlebenstraße. Mitte Dreißig, gut gekleidet, sorgfältig, könnte man sagen, vielleicht etwas übertrieben.« In ihre Berichtsstimme schlich sich ein Kichern. »Er hatte ein rotes Einstecktuch im Sakko.«

»Bedeutet das etwas?« fragte Brändel.

Tanja zuckte mit den Achseln. Sie blätterte in ihrem Notizblock.

»Schon identifiziert?«

»Dankenswerterweise hatte er seinen Ausweis dabei. Sein Name ist Mario Frings, geboren 1963 in Schmidt in der Eifel, wohnt in der Mommsenstraße 17. Da führt mein nächster Weg hin.«

»Das will ich doch hoffen.« Brändels Laune sank von Tag zu Tag. Es war bei ihm immer so, wenn sich der September näherte.

Er lief durch die Augusthitze und dachte mit Grauen daran, daß seine Frau zu Hause wieder die großen Pläne wälzte. Sie pflegte den Herbst zur großen strategischen Zusammenführung der Familie zu nutzen. Man sah sich ja das ganze Jahr nicht, die beiden Söhne ließen sich nicht blicken, hatten ja auch die gute Ausrede, daß sie weit weg lebten und an ihre Berufe gebunden, genauer gesagt, verkauft waren. Mit Haut und Haaren hatten sie sich an die Wirtschaft verkauft, den Teufelspakt unterzeichnet, wie Brändel fand. Jetzt verdienten sie massenhaft Kohle, hatten aber keine Zeit, den Zaster auszugeben. Dafür sorgten ihre gelangweilten Frauen, die nebenbei noch die Enkel im gleichen Sinne sozialisierten, damit diese zeitgerecht am Verprassen des Teufelslohns teilhaben konnten.

Und mit diesen Leuten heckte Mieze ihre Herbststrategien aus. Kulmination des Unternehmens Barbarossa war Brändels Geburtstag. Dabei sollten so viele wie möglich von der ganzen Familienbande zusammenkommen. Als wären sie eine Fernsehfamilie, oder was? Das schlimmste war, daß Mieze glaubte, ihn täglich über den Stand der Entwicklung informieren zu müssen. Konnte sie es nicht wenigstens als Überraschungsparty behandeln?

Mieze hatte er sie immer schon genannt, seit sie sich 1970 auf einer Party kennengelernt hatten. Das war in Hamm, er war achtzehn und sie siebzehn gewesen. Und damals war das noch ein Witz, sie so zu nennen. Aber die Zeit läßt keinen Stein auf dem anderen. Auch in der Liebe nicht.

Eigentlich waren sie immer gut miteinander ausgekommen. Nur die letzten Jahre nervte sie zunehmend. Und immer mit diesen Familiengeschichten.

Ob es am August liegt? Alle sind schlecht gelaunt, nichts läuft. Tanja schüttelte den Kopf. Sie hatte sich aus dem Revier davongemacht. Die Fresse von Brändel wollte sie heute nicht mehr sehen. Zum Glück hatte er nichts von Mitkommen geredet, als sie erwähnte, daß sie sich einmal im Umfeld der vierten Leiche umsehen wollte.

Er hatte nur ein halblautes Ja von sich gegeben, und sie war heilfroh aus der Tür geschlüpft. Als sie die Treppe runterlief, schlug ihr die Hitze entgegen. Sie eilte zum Wagen, den sie auf dem Parkplatz abgestellt hatte, und fuhr los.

Immerhin war sie jetzt allein, kein Männergesäusel um sie herum. Wichser, entfuhr es ihr. Ein Kerl hechtete gerade bei Rot vor ihr Auto. Überfahren sollte man die Affen. Tanja biß sich auf die Lippen. Sie hatte einfach zuviel Ärger.

Da war der lustlose Herr Kommissar, und zu Hause hatte sie ihren netten kleinen Freund Viktor, der wahrscheinlich gerade den Kater Oscar fütterte. Sei nicht so ungerecht, er ist nett und er tut alles für dich, maßregelte sie sich. Wollte sie das alles?

Er ist nett, und er ist ein netter Loser. Man möchte ihm richtig helfen, wenn man sein süßes Gesicht sieht. Das rechte Bürschchen für dreißigjährige Polizistinnen. Zum Helfen süß. Der Spruch »Die Polizei dein Freund und Helfer« ist eindeutig falsch. Korrekt müßte es heißen: die Polizistin, deine Freundin und Helferin.

Sei nicht so ungerecht mit ihm, sagte sie sich wieder. Er füttert jetzt den Kater Oscar, und danach wird er sich sein Horoskop für heute ausrechnen und feststellen, daß er heute wieder nichts schreiben kann. Die Sterne stehen nicht günstig.

Viktor schreibt Drehbücher. Behauptet er jedenfalls. Aber die Sterne stehen so ungünstig, und sie, Tanja, die doofe Bullette, kauft ihm das ab. Schon wieder so böse, denkt sie, was sie heute nur mit ihm hat?

Es ist der August, die Hitze und die Hektik der Leute.

Alle wollen was und haben große Pläne. Auch Viktor. Regelmäßig im August fragt er, ob sie ihn nicht heiraten wolle. Heiraten!

Warum Männer bloß immer mit dieser Heiratsidee kommen! Viktor hatte gestern abend wieder so einen Versuch gestartet. Sie sagte gar nichts. Am liebsten hätte sie ihm den Dildo in den Arsch gerammt, so zornig war sie. Aber da hätte er ja auch nur wieder seinen Spaß gehabt. Männer haben ja an allem Spaß. Sogar am Heiraten. Dagegen kam man einfach nicht an.

Viktoria, sagte sie, du kannst mich mal. Sie war am Ziel. Suchte noch einen Parkplatz. Die Sonne knallte auf den Asphalt. Man hätte buchstäblich einen Sonnenschirm vertragen können. Aber Tanja haßte alle Schirme, Sonnenschirme, Regenschirme. Sie hatte noch nie einen besessen. Ihren letzten Schirm hatte man ihr als Kind aufgezwungen. Das war lange, bevor sie aus dem Elternhaus ausrückte. Sie lächelte, denn unwillkürlich erinnerte sie sich, wie sie zum letzten Mal durch die Familientür ging, mit der Drohung in Richtung Wohn- und Fernsehfalle: Ich werde Polizistin!

Ihre Eltern waren so 'ne Art Altfreaks gewesen, Pazifisten der ersten Stunde, Anti-Atom, Ostermarsch- und sonstige Bewegung, kurz die Sechziger-Jahre-Menschen, die netten, linken, die gegen das Establishment andonnerten oder wie sie es sonst noch nannten. Ihr halbes Leben war ein Sit-in, das andere halbe Leben eine Demo. Und alles um sie herum war von ungeahnter Bedeutung. Schon wenn sie Marmelade aufs Brot schmierten, konnte man denken, es sei der erste Schritt dazu, die versteinerten Verhältnisse doch noch zum Tanzen zu bringen. Elternhaus, gutes Nest, Ade.

Tanja war Polizistin geworden. Bulle.

Sie stand vor dem Eingang ihrer Leiche, und der Eingang war offen. Der Hauseingang. Sie sah sich die Reihe der Briefkästen an, der Name stand dran. Sogar einen Hausmeister gab's, wie sie nebenbei feststellte. Sie stieg die Treppen hinauf. Im dritten Stock fand sie die gesuchte Wohnung. Klingelte. Horchte auf Geräusche. Nichts.

Sie ging die Treppe wieder hinunter. Das Haus wirkte gepflegt. Sie klingelte im Erdgeschoß beim Hausmeister. Die Tür öffnete sich sofort, der Kerl schien ganz in seinem Beruf aufzugehen. Bestimmt hatte er ihre Anwesenheit bereits vorhin registriert.

»Polizei«, sagte sie und hielt ihm die Marke unter die Nase. Er blieb unbeeindruckt.

»Guten Tag, Herr Kommissar«, sagte er.

»Ebenso, Frau Hausmeisterin«, entgegnete sie, »könnten Sie mir vielleicht in einer Sache helfen? Ich bin sicher, daß Sie mir helfen können.«

Er nickte geschmeichelt.

»Es handelt sich um Herrn Frings aus dem Dritten. Wir müssen die Wohnung öffnen.«

»Aber Herr Frings ...«

»... ist tot«, ergänzte Tanja. »War's noch nicht in den Nachrichten?« Sie zeigte in die Wohnung hinein, aus der man gerade die Stimme von G. G. Anderson hörte: *Mein Herz geht auf Reisen* oder so ähnlich.

Sie hielt ihm noch den Wisch für die Durchsuchung unter die Nase, aber er hatte schon beflissen nach dem Schlüsselbund gegriffen und schritt nun eifrig voran die Treppe hoch.

»Bitte, Frau Kommissarin«, sagte er und hielt ihr die entriegelte Tür auf.

Sie lief durch die Wohnung, zwei Zimmer, das ganz gewöhnliche Durcheinander, die Geräte und Klamotten, Papiere und Post. Alles Kram, und da und dort ein Astrobuch. Auch einige von den fundierten, nicht nur der oberflächliche Schund. *Der äußere Himmel. Cardanos Kosmos. Die Entfaltung der Aszendenten. Der Tod in der Astrologie.*

Tanja wußte da Bescheid. Dank Viktor konnte sie sehen, daß sie es hier mit einem Kenner zu tun hatte. Und was hat es ihm genützt, dachte sie: Er ist tot. Gestorben wie ein blutiger Ignorant. Und seine Sterne haben ihm nicht geholfen. Sie sind stumm geblieben, was soll's.

Sie drehte sich um.

»Wir versiegeln die Wohnung«, sagte sie zum Hausmeister. »Wohnt hier sonst noch wer?«

»Nein, Frau Kommissarin, der Herr Frings lebt, will sagen, lebte allein.«

Frings war die Kehle durchgeschnitten worden. Kein schöner Tod, aber ein schneller. Die anderen drei waren ebenfalls Opfer von Messerarbeit geworden. Schnitte, Stiche. Hätten auch Raubmorde sein können, waren es aber nicht. Alle Wertsachen waren bei den Opfern vorgefunden worden. Auch bei Frings. Brieftaschen, Uhren und Ausweise. Alles dabei. Reiche Leichen. Berauben wollte sie keiner. Aber was dann?

Tanja war doch noch ins Büro zurückgekehrt. Die Fressen der Nachbarn hatten sie vertrieben. Die Art Verbrechen, die denen im Gesicht stand, war leider nicht strafbar. Und gesehen hatten sie natürlich nichts, und über Herrn Frings auch keine Meinung. Jedenfalls keine verwertbare.

Dann schon lieber den Brändel, dachte Tanja. Aber als sie im Büro ankam, war er nicht da.

»Er ist unterwegs«, sagte die Sekretärin.

»Spurensuche«, grinste Kosch. Er lud sie zu einem Sandwich ein. Hatte wohl ein Auge auf sie geworfen. Aber Tanja war gegen Inzest. Ihr oberstes Gebot lautete: niemals Sex unter Polizisten. Und daran hatte sie sich bisher streng gehalten.

Danach saß Tanja am Computer. Ging das Protokoll von Frings durch.

»Wie«, sagte sie laut. »Das stimmt doch nicht. Und hatten wir das nicht schon mal? Und genauso so?« Sie nahm das Protokoll des Dritten vor. Richtig, auch hier.

Das war ja interessant. Sie holte sich auch noch die beiden anderen Protokolle. Die waren schon etwas älter. Vier Monate waren seit dem ersten Mord vergangen. Und auch da, die gleiche Geschichte.

»Wo ist Udo«, rief sie durch die Tür. Kosch brummte etwas, was sie nicht verstand. Er hätte es wohl lieber gehabt, wenn sie nach ihm gerufen hätte. Was sich die Männer bereits nach der simplen Herausgabe eines Sandwich so alles denken.

Und dann war Brändel endlich da, und sie zeigte ihm ihre Entdeckung.

»Was«, sagte er, »und das erfahre ich erst jetzt?« Typisch Brändel.

Sie blickte ihn durchdringend an. Offenbar spürte er ihr Eisen in seinen Augen, denn seine Stimme wurde plötzlich weich.

»Das war gut, Tanja«, sagte er, »wirklich.«

Er begann auf und ab zu gehen.

Nicht schon wieder, dachte Tanja. Würde er doch wenigstens rauchen oder Tabak schnupfen oder mit Dart-Pfeilen werfen, aber nicht dieses dauernde Auf- und Abgehen. Es machte sie krank. Denn sie wußte, sie würde es ihm nie abgewöhnen können. Um einem Mann eine so schlechte Gewohnheit ausreden zu können, mußte man ihn heiraten. Igitt.

»In allen vier Ausweisen stimmen also die Monatsangaben der Geburtsdaten nicht. Tag und Jahr treffen zu, nur die Monate nicht«, rekapitulierte Brändel Tanjas Entdeckung. »Aus September, Januar und Februar ist Juli und August geworden, einmal Juli, dreimal August.«

Brändel blieb stehen.

»Wie ist das möglich, und was bedeutet es? Bedeutet es überhaupt irgend etwas? Oder schlampen unsere Meldeämter jetzt schon in Serie? Vielleicht boykottieren sie ja die staatliche Ordnung! Eine Art Datenbummelstreik, oder es sind Anarchisten am Werk, Computerfreaks vielleicht.

Das könnte sein. Die lustigen Monatsvertauscher, oder was?«

»Udo, laß doch mal diesen Quatsch.«

»Und was haben diese Männer sonst noch gemeinsam, außer den vertauschten Geburtsmonaten? Haben sie wenigstens einen ähnlichen Lebenswandel, wenn schon kein gemeinsames Alter? Auch nicht. Zwei sind Singles, die anderen zwei verheiratet, einer zwar schlecht, bei dem anderen weiß man es nicht. Berufe und Milieus sind unterschiedlicher, als die Phantasie das ausbrüten könnte. Himmel und Erde sind zwischen diesen Männern, nur, sie sind alle tot. Erstochen, aufgeschlitzt, aber mit unterschiedlichen Messern. Mit Qualitätsmessern jedenfalls.«

Brändel beendete seinen Monolog abrupt. »Tanja, wir müssen herausfinden, was die Monatsvertauschungen bedeuten.«

Genial, dachte Tanja und wendete sich wieder ihrem Schreibtisch zu.

Der Bildschirm machte Tanja nicht schlauer. Umsonst guckst du da Löcher rein, es sind immer nur die Löcher in den Ermittlungen, die dir entgegenstarren.

Irgendwann druckte sie das ganze Zeug aus und packte es ein. Zu Hause wartete der Süße mit einem Abendessen. Er verstand was vom Kochen, und so machte sich Tanja rechtzeitig auf den Weg, damit sie das Essen genießen konnte.

Victor hatte Kerzen auf den Tisch gestellt und eine CD mit Musik für besinnliche Stunden aufgelegt.

»Was feiern wir denn«, fragte sie, »feiern wir etwas?« Es

fiel ihr nichts dazu ein. Geburtstag hatte keiner von ihnen, auch sonst konnte es kein Jubeltag ihrer Beziehung sein. Kennengelernt hatten sie sich im Mai.

»Also, was ist?«

Hoffentlich wollte er nicht schon wieder einen Heiratsantrag einleiten. Sie wagte es nicht, das Thema anzusprechen.

»Nichts ist«, sagte er maulfaul. »Ich freue mich nur, daß du diesen Abend da bist und daß keine Leiche zum Dessert bereitsteht«.

»Fordere das Schicksal nicht heraus«, sagte sie und unterließ dabei jeden Anflug von Lächeln.

Nach dem Essen zogen sie sich gegenseitig ins Bett, wie sie das immer an solchen Abenden taten, und kämpften sich auch diesmal müde mit ihrem Liebeswerkzeug, hart und sanft und beides und alles.

Danach lagen sie nebeneinander. Er hatte einen Pianojazz aufgelegt, für den sie kein Ohr hatte, und sie schilderte ihm die Geschichte der fruchtlosen Ermittlungen wegen der vier zersäbelten Männer. Er hörte sich das Ganze an und sagte: »Komisch.« Mehr sagte er nicht.

Was ist wohl komisch an diesen Leichen, dachte Tanja, sagte aber nichts.

Am nächsten Tag hatte sie frei, und sie frühstückten zusammen. Als Viktor Kaffee nachgoß, sagte er plötzlich: »Weißt du, daß sie ihre Sternzeichen verändert haben?«

Tanja war sprachlos. Daß Viktor sich traute, schon beim Frühstück mit seinem Astrowahn anzufangen, war schlicht entwaffnend. Sie hatte es ihm ausdrücklich verboten.

»Nicht, was du denkst«, sagte er beschwörend, bevor sie ein Wort herausbrachte. »Reg dich nicht auf, hör zu. Hör einfach nur zu«.

»Wenn das ein Trick ist«, sagte sie, »kommst du ans Andreaskreuz.«

Er lächelte verlegen. »Kein Trick, großes Indianerehrenwort.«

Er machte eine Pause. Dann sagte er: »Es geht um deine Männer. Um die Leichen. Die haben jetzt neue Sternzeichen. Sie hatten nämlich andere Sternzeichen, und weißt du, was sie jetzt haben, jetzt haben sie dasselbe, alle, es sind jetzt alles Löwen. Mit ihrem neuen Geburtsmonat sind es Löwen. Alle vier. Was sagt du dazu?«

Tanja war schon wieder sprachlos. Dann riß sie sich zusammen. »Viktor, ich liebe dich, aber kannst du mir sagen, was ich mit dieser Erkenntnis anfangen soll?«

»Auf jeden Fall ist es dasselbe Zeichen, das mußt du zugeben. Ein Zeichen. Aus irgendeinem Grund sind sie zu Löwen geworden. Das muß doch was bedeuten.«

»Ja, es könnte was bedeuten«, konzedierte sie. Und dachte, o Gott, jetzt bringt er mich noch dazu, daß ich mich aus beruflichen Gründen mit ihm über seinen Esoterik-Kram unterhalte. Vielleicht sollten wir ihn gleich als Experten und Berater der Mordkommission in Sachen Astrologie hinzuziehen, mit Beraterhonorar. Würde schließlich die Haushaltskasse entlasten, deutlicher jedenfalls als diese sternlosen Drehbücher, die er zusammenschustert.

Die Musik flog einmal um den Raum herum, krachte in die Ecken, kehrte in rasendem Tempo zurück, wurde langsamer und ruhiger, gewann den fließenden Ton wieder.

»Bleib stumm«

»Hör zu«

»Und merk es dir«

Die Frau machte ein paar Schritte zurück. Setzte sich in den ledernen Stuhl.

»Bleib ruhig«

»Ganz ruhig«

Sie sprach langsam, in kurzen Sätzen. Ihre Stimme fädelte sich unauffällig in den Ton der Musik ein.

»Sag was, Langweiler«

»Wo ist deine Phantasie«

»Halt's Maul«

»Vergiß deinen Schmerz«

»Verlasse deinen Winkel«

»Wende deinen Blick von der Erde«

»Verschmähe endlich das kleine Glück«

»Verschwende dich«

»Nimm an den wohlmeinenden Rat«

»Erhebe dich«

»Ich meine es gut«

Die Stimme der Frau verlor sich wieder in der Musik, die von Ecke zu Ecke sprang, den schwarzen Raum mit ihrem hohen Ton so lange durchmaß, bis das Ohr ihm nicht mehr folgen konnte.

Selten war ein Tag so aussichtslos wie dieser. Du wirst am

Morgen wach, und Kamerad Wecker erinnert dich kurz danach an deine Pflichten. Es ist Montag, und du mußt in einer Dreiviertelstunde auf dem Revier sein und im Gepäck hast du nichts als den ungelösten Fall.

Tanja sprang hoch und unter die Dusche. Wegstecken war angesagt, aber auch ein Schlachtplan. Vielleicht hatte das Duschwasser eine Idee. Es hatte eine.

Zwei Stunden später war sie in Frings' Wohnung. Sie kramte in dessen Papieren rum, wühlte alle Schubladen durch, nichts. Ratlos saß sie an dem kleinen Sekretär. Dann fiel ihr Blick auf einen briefmarkenkleinen Zettel, einen Zeitungsausschnitt. Offenbar ein Inserat. Fett gedruckt stand da: *DAS INSTITUT.* Darunter in winzigen Buchstaben: *Vom leidenden Fisch zum Löwen im Wasser. Die Schule des Erfolgs. Probiere dich aus und verwandle dich. Ruf an!* Das Ganze war schwarz umrahmt.

Tanja steckte die Briefmarke ein. Nach einem schnellen Blick auf die Uhr verließ sie die Wohnung. Sie sollte um elf den Barmann aus dem *Vita Brevis* treffen. Es hatte sich natürlich keiner an Nummer Vier erinnern können. Nur der Barmann glaubte Frings wiederzuerkennen.

Sie war pünktlich. Er stand schon da, vor der Tür des geschlossenen Lokals. Es war ihr Treffpunkt. Sie gingen in das Café nebenan.

Nach ein paar Minuten war ihr klar, daß der junge Mann zu der Sorte Menschen gehörte, die gerne mit der Polizei plauderten, weil sie sich dabei wichtig vorkamen. Vielleicht würde ja morgen schon sein Bild in der Zeitung stehen. *Zeuge erkennt Täter.*

»Sie haben an der Bar gesessen. Rechtsaußen an der Bar.«

»Wer sie?«

»Der Mann«, er zeigte auf das Foto, das sie auf den Tisch gelegt hatte, »und die Frau.«

»Was für eine Frau?«

»So Mitte Dreißig, dunkelhaarig, hübsches Gesicht, schlank. Immer in Schwarz. Ich kenne sie nicht. Sie gehört nicht zu den Stammgästen, aber ich habe sie schon ein paarmal gesehen. Einer unserer Säufer hat sie mal angemacht, und ich habe ihn ablenken müssen. Sie hat auf jemanden gewartet. Und der liebe Trinker hat sich bei mir beschwert, sie würde die Männer immer nach dem Sternzeichen fragen. Er hatte leider das falsche. Er kam mir recht traurig vor.«

»Welches Sternzeichen hat er denn?«

»Waage, glaube ich. Ich versteh nichts davon.«

»Und was wäre das richtige gewesen?«

»Löwe, meine ich, oder Widder, ich erinnere mich nicht mehr so genau. Der Mann war sturzbesoffen. Er hat was von einem egozentrischen Löwen genuschelt. Das müsse er sein, dann könne er dieser Frau imponieren. Er aber mit seinem harmonischen Gemüt, er eigne sich nicht zum Tatmenschen, und zum Aufschneider tauge er auch nicht. Der Mann hatte einfach zu viel getrunken.«

»Hm.« Tanjas Kommentar war denkbar kurz. »Die beiden«, fuhr sie fort, »Frings und die Frau, haben also zusammengesessen.«

»Ja, bestimmt. Ich kann nicht sagen wie lange, aber sie haben zusammengesessen.«

»Ist Ihnen dabei was aufgefallen, irgend etwas?«

»Die Bar war voll«, sagte er achselzuckend, »der Laden brummt.«

»Eine Kleinigkeit«, wiederholte Tanja ungerührt, »irgend etwas?«

»Ja, doch, da fällt es mir wieder ein.« Er lachte. »Er hat ihr seinen Personalausweis gezeigt, und sie hat ihn genau studiert und ihm zurückgegeben. Ist ja kein alltäglicher Vorgang in einer Bar.«

Am Nachmittag war Tanja wieder auf dem Revier. Sie berichtete Brändel und Kosch von ihren Erkenntnissen: Inserat und Ausweisvorzeigen.

»An die Arbeit.« Brändel war plötzlich guter Laune. Geburtstagsattacken und Familienbande schienen vergessen. Mieze konnte ihm den Buckel runterrutschen.

Die Telefonnummer gehörte zu einer Villa im Wegener Wald. Feine Gegend. Verschwiegen und abgelegen. Observieren läßt sich da kaum etwas, jedenfalls nicht unauffällig.

»Wir können jemanden hinschicken«, meinte Kosch.

»Dazu wissen wir zu wenig über die Sache.« Brändel schüttelte den Kopf. »Was wäre das Anliegen unseres Mannes? Da muß uns schon noch was einfallen!«

»Und wem gehört die Telefonnummer?« Kosch gab nicht auf.

»Die ist auf den Namen einer Frau Lydia Hamann gemeldet. Über die Frau wissen wir gar nichts.« Brändel winkte ab.

»Rufen wir doch an«. Kosch war wirklich nicht zu bremsen.

»Und wecken unnötigen Verdacht bei der Dame«, wiederholte Brändel.

Tanja überhörte den Rest des Männerduells. Der Tag war gelaufen. Immerhin hatten sie eine Menge herausgefunden. Sie tappten zwar noch im dunkeln, aber sie suchten nicht mehr die Nadel im Heuhaufen.

Die Musik drehte auf. Der hohe Ton breitete sich aus. Das Sonnenzeichen stieg auf, bedeckte die gesamte Wand.

»Richte die Augen auf«

»Schleudere deine Blicke in die Höhe«

»Sprich«

»Laß hören, was du willst«

»Sag es mir«

»Sag es mir und nimm dir die Welt«

»Genieße die Pracht«

Finger glitten seine Wirbelsäule entlang, eine Faust stieß an sein Herz.

Jetzt reicht's!

Sein Körper sprang aus der Verklammerung.

Sein Blick schoß in die vertraute Sonne.

Zwischen ihm und der Sonne stand die Löwenmähne der Frau.

»Was willst du?« fragte ihre Stimme, und in ihren großen Augen brannte das Feuer.

»Du hast ihm geholfen«, sagte die verärgerte Männerstimme, »du hast ihn zum Löwen gemacht. Vom Fisch zum Löwen im Wasser.«

»Ja, und?« Ihre Stimme klang ungehalten. Sie hatte an Höhe verloren.

»Du hast aus dem Weichei einen Löwen gemacht.«

»Ist schließlich mein Job, aus Losern Siegertypen zu machen. Es ist nicht nur ein Versprechen, sondern eine Garantie für ein besseres Leben. Deshalb bist du doch auch hier.«

»Nein, deshalb bin ich nicht hier.«

»Und warum denn sonst? Vielleicht hat der Herr die Gnade, mich über seinen wahren Beweggrund zu informieren. Ist er ein Eindringling? Das wäre hier was ganz Neues.«

»Ich mach dich fertig«, sagte die zornige Stimme des Mannes.

»Immer mit der Ruhe. Also, wo brennt es?«

»Du hast ihn zum Löwen gemacht. Und deshalb habe ich Sabrina verloren. Sabrina hat mir gehört, und du hast dieser Null von Fisch beigebracht, wie man mir die Frau ausspannt. Dabei war er mein bester Freund. Er hat sie mir weggenommen«, sagte die Männerstimme. »Verdammt. Dieser Fisch im Löwenpelz hat mir die Frau ausgespannt.«

Ein kleines Messer flog durch die Luft, blieb in der Flammenspur des Sonnenzeichens stecken.

Die Augen der Frau schienen noch größer zu werden. Sie stand regungslos vor dem wütenden Mann.

»Ich mußte ihn töten«, sagte er langsam. »Ich mußte meinen Freund töten und die anderen Männer auch, denen du die falsche Geburt verschafft hast.«

Die Frau schwieg.

»Du hast die Ordnung zerstört. Du hast in das Spiel der Sterne eingegriffen. Du hast den Fischen, den Steinböcken und den Jungfrauen Macht gegeben, Macht in der Liebe. Was hast du dir dabei gedacht?«

»Du bist Löwe«, sagte sie nachdenklich. »Was suchst du hier?«

»Ich muß deinen Größenwahn beenden, der den Lauf der Welt stört. Wir brauchen die Loser, damit wir Eroberer sein können. Weißt du das nicht? Ich werde dich töten«, sagte der Mann. Ein summendes Messer flog in den Sonnenkranz.

»Kommt mal rüber«, rief Kosch, »ich sage euch, hier ist was los.«

Er hatte das Telefon auf Lautsprecher gestellt. Man hörte eine Frauenstimme und eine Männerstimme.

»Jetzt bist du dran, du entkommst mir nicht mehr«, sagte die Männerstimme. »Ich mache jetzt zwei aus dir. Zwei symmetrische Hälften. Damit die Harmonie nicht gestört ist, mach ich zwei nicht kommunizierende Röhren aus dir. Eine Waage mach ich aus dir. Ich habe mein schönstes Messer für dich aufgehoben. Mein schönstes und mein schärfstes.«

Das Tonband lief.

»Du hast angerufen«, brüllte Brändel. »Wir hatten doch vereinbart, nicht anzurufen! Und du hast es doch gemacht.«

»Ja, ich habe einfach angerufen. Sie ist rangegangen,

aber dann war im Hintergrund eine Männerstimme, und ich wollte gerade meinen Spruch loswerden, da war sie wieder weg. Aber die Verbindung wurde nicht unterbrochen. Sie hat nicht aufgelegt. Wir können mithören.«

»Seid ihr bescheuert«, rief Tanja dazwischen. »Was sollen wir noch mithören? Wir sitzen hier, und er schlitzt sie auf. Wir fahren in den Wegener Wald.«

»Okay«, sagte Brändel.

In Minutenschnelle saßen sie alle drei im Wagen, setzten das Blaulicht auf. Es dauerte trotzdem vierzig Minuten, bis sie die Villa erreichten. Sie fuhren vor, sprangen aus dem Wagen und ohne jede weitere Absicherung brachen sie die Eingangstür auf. Nicht besonders professionell, aber ohne Zeitverlust. Wer weiß, was in der letzten Dreiviertelstunde alles geschehen war? Viel zu retten gab's wahrscheinlich nicht mehr, aber trotzdem. Sie konnten sich nachher sagen, sie hatten es zumindest versucht.

Sie stürzten in den Flur. Von Zimmer zu Zimmer. Es war keiner da, und die Zimmer waren leer. Kein einziges Möbelstück war darin. Alles war weiß gestrichen. Und leer.

»Oben ist es genauso«, rief Koschnik plötzlich. Er war als erster hinaufgestürmt. »Niemand da, und alles leer und weiß gestrichen.«

»Hier gibt's noch eine Tür. Sie ist verschlossen.« Tanja war nach unten gegangen. Offenbar gab es einen Keller. Jedenfalls führte eine Treppe nach unten.

Sie brachen auch diese Tür auf. Dann standen sie in einem langen schwarzen Flur, der matt erleuchtet war. Musik war zu hören, eine monotone Musik, ein hoher gleichmäßiger Ton. Am Ende des Flurs stand eine Tür halb offen. Die Musik kam aus der Richtung der halboffenen Tür.

Sie liefen auf die Tür zu, schoben sie vorsichtig auf. Im Zimmer war das gleiche gedämpfte Licht und der gleiche schwarze Hintergrund wie im Flur. Auf dem Boden lag ein schwarz gekleideter Mann in einem eleganten Anzug. Er hatte einen sanften Gesichtsausdruck, man hätte meinen können, er schlafe. Aber in seiner Brust steckte ein Messer. Nach der Größe des Griffs zu urteilen, mußte es eine ziemlich lange und breite Klinge haben. Es stak bis zum Heft in der Brust des Mannes.

»Er hat seinen Frieden gefunden«, hörte man plötzlich eine Frauenstimme. Die Frau stand in einer unauffälligen Tapetentür. Auch sie war schwarz gekleidet, und keiner der drei Polizisten hatte sie bisher bemerkt.

»Haben Sie diesen Mann erstochen?« fragte Brändel.

»Nein«, sagte sie langsam, »das hat er selber getan. Eigentlich wollte er mich treffen, aber er war doch der schwächere Löwe. Er hat sich für den Größten gehalten, und das hat ihm sozusagen einen Bumerang beschert. Das Messer hat ihn selber getroffen, den kleinen, rachsüchtigen Löwen.«

»Es war also Notwehr?« hakte Kosch nach.

»Ja, so kann man es nennen, Notwehr, die Waffe der Frauen.« Sie nickte.

»Wir müssen Sie leider mitnehmen«, sagte Tanja Collins, »das ist Ihnen wohl klar. – Schon wegen des Protokolls«, fügte sie hinzu.

»Warum nicht?« Die Frau lächelte ein schmales Lächeln. »Sind Sie auch Löwin?« fragte sie dann.

Tanja warf ihr einen tödlichen Blick zu. »Kommen Sie«, sagte sie knapp.

Anneli von Könemann
Ordnung ist der halbe Tod

Ich lebe in der Hölle – Hölle Nr. 13, um genau zu sein. Und am Tag, als ich dort einzog, war nix mit Age of Aquarius. Es war Neumond, und der Uranus stand im Steinbock, eine Konstellation, die für die nächsten Tage größtes Unheil versprach. Und das Schlimmste: ich hätte vorgewarnt sein können, denn an dem Tag, als ich die Verkaufsanzeige für das Haus las, versprach auch das ganz persönliche Horoskop für die Löwin nichts Gutes. Frau solle sich vor allzu großen Veränderungen vorsehen und nicht in löwenüblicher Manier spontane Entscheidungen treffen. Nun las ich das Horoskop aber nur, weil es so günstig neben dem Cocktailrezept des Tages stand, und schenkte ihm weiter keine Beachtung. Und was Uranus im Steinbock wollte, war mir damals auch ziemlich egal. Später fiel es mir erst wieder ein und dann wie Schuppen aus den Haaren.

»Mir fällt nix ein!«

Tina sah mir über die Schulter, zog die Stirn kraus und begutachtete diesen begnadeten ersten Satz. »Sehr orischinell!« nuschelte sie verächtlich durch einen extragroßen Bissen Käseburger. »Du bist doch Profi, also denk dir was aus.« Schmatzend leckte sie sich Remouladensoße vom Finger.

»Du bist wie immer eine große Hilfe!« fauchte ich sie an. Ich hätte mir die Haare gerauft, trüge ich nicht fast

Glatze. »Ich bin am Ende, vorbei mit der Karriere, ein für allemal!« Theatralisch ergab ich mich dem Jammern. Dazu war Tina da – mich aufzubauen, wenn mich die Schreibhemmung erwischte.

»Wie lange noch?« Sie ließ sich nicht beirren.

»Acht Wochen, aber was nützt mir das, wenn ich nicht weiß, wen ich umbringen soll?« Wenn ich diesmal meine Story wieder zu spät abgab, konnte ich mir eine weitere Zusammenarbeit mit dem Rambazamba-Verlag abschminken, hatte die Herausgeberin schon gedroht. Keine Extrawürste mehr. Und dann die Menge: mindestens zwanzig Seiten. Das sprengte meine üblichen Geschichten, und zwar um fast das Siebenfache! Kurz und zackig, lautete für gewöhnlich meine Devise, aber das konnte ich mir diesmal ebenfalls abschminken.

Tina griff zur Cola und schluckte geräuschvoll. »Versteh ich nicht. In dieser Spießersiedlung wimmelt es doch von potentiellen Opfern.«

Die Vögel hörten auf zu zwitschern, kein Lüftchen regte sich mehr, die Welt stand still. Ich stutzte. »Meiner Treu! Du hast recht!«

»Wie immer«, ließ sie es sich nicht nehmen, Salz in meine Wunden zu streuen.

»Daß mir das nicht selbst eingefallen ist!« Ich haßte es, aber ich mußte wohl zugeben, daß ich ohne sie aufgeschmissen war. Die meisten Ideen für Mordgeschichten hatte ich von Tina, die jeglicher Ambitionen literarischer Art gänzlich unverdächtig war, und säße sie jetzt nicht neben mir, hätte ich immer noch nicht angefangen.

Auch jetzt ließ sie sich kaum bremsen. »Nimm doch diese Jakowski, oder wie heißt die Schreckschraube aus Nr. 136? Die mit dem Blockwartgetue?« O ja, Tinas Lieblingsfeindin, seit Fiffi Eins, die Chihuahua-Töle der Jakowski, sich über Tinas Knöchel hergemacht hatte. So klein, und schon so spitze Zähne!

»Oder diese Öko-Trulla mit ihren verzogenen Gören aus dem blauen Haus. Das ist die Allerschlimmste«, ereiferte ich mich. »Spießertum auf ökologisch.«

Die Ökotante hing immer hinter ihren Spitzengardinen aus Jute und kam sofort rausgerannt, wenn jemand seinen Müll in die Recyclingbehälter gefüllt hatte. Im Komposthaufen drehte sie jede Made um, damit auch kein unbefugter Wurstdarm den geheiligten Naturdünger verunreinigte. Und wenn jemand es wagte, neben dem Weißglascontainer eine Tüte mit weiteren Gläsern abzustellen, die auch beim allerbesten Willen nicht mehr reinpaßten, dann machte sie keine Gefangenen. Etwaige Delinquenten wurden einer hochnotpeinlichen Befragung unterzogen, vor der es kein Entrinnen gab, denn auch ohne Waffen schaffte es diese Frau, nachlässige Nachbarn in Schach zu halten.

»Genau!« Tinas Gesicht nahm langsam Farbe an, sicheres Zeichen, daß sie zur Hochform auflief. »Oder noch besser: der Krause!« Johlend schlug sie sich auf die prallen Oberschenkel. »Dem wolltest du doch schon immer mal eins auswischen!«

Krause! Natürlich! Der Feind schlechthin. Die fleischgewordene Versuchung für jede Krimiautorin. Ich grinste breit und machte mich an die Arbeit. Der nächste Satz fiel mir jetzt nicht mehr schwer.

Gleich am ersten Tag ging es los. Die Möbelpacker waren endlich weg, der gröbste Schmutz beseitigt, und meine Hunde hatten bereits laut kläffend den Garten in Besitz genommen. Nur eine Kiste wartete noch in meinem Kofferraum darauf, daß ich sie nach der langen Reise aus der Provinz im Schwäbischen in mein neues Heim in der Provinz kurz vor der dänischen Grenze trug. Da sah ich es. Ein Stück Papier, leuchtend gelb, unter dem rechten Scheibenwischer. *Sie parken auf meinem Parkplatz. Machen Sie ihn bis heute mittag 13 Uhr frei.* Gedruckter Text, Tintendrucker. Kein Bitte, keine Adresse. Feigling. Mein Blut geriet in Wallung. Das fing ja gut an. Welcher Blödmann druckte solche Zettel? War ich in einer durchgeknallten Sendung à la »Vorsicht Kamera«?

Aus den Augenwinkeln peilte ich die Lage, es war nichts zu sehen. Es war nämlich hundertprozentig mein Parkplatz, auf meinem Grundstück, direkt zwischen der baufälligen Garage und meinem Gartenzaun, überdacht von einem morschen Spalier, das sich unter wucherndem Efeu bog, sozusagen ein »Carport« der ersten Stunde. Ich sah mich noch einmal um. Im Haus schräg gegenüber bewegte sich doch eine Gardine? Ein kurzer Blick auf den Vorgarten ließ mich erschauern.

Akkurate Blumenbeete umrahmten ein Rasenstück in genau bemessenem Winkel zueinander, die Blumen standen in abgezirkelten Abständen in Reih und Glied stramm, das Gras war vermutlich mit der Nagelschere geschnitten worden, und ein paar Topfpflanzen wirkten so frisch, als seien sie soeben dem Blumencenter entronnen. Das Ganze garniert mit ein paar gehäkelten Gardinen, in allen Fenstern gleich, und die Deko in Beeten, Töpfen, an Türen und Fenstern hatte selbstverständlich dieselben Farben wie die Blumen. Mir, die ich meinen Pflanzen im Garten und im Haus gerne freien Wuchs ließ, lief ein Schauer den Rücken hinunter. Dort drüben wohnte ein Ordnungsfanatiker. Wieso war mir das nicht aufgefallen, als ich mein Haus gekauft hatte?

»Siehst du, geht doch.« Tina stand wieder hinter mir und begutachtete die ersten Zeilen. Dabei leckte sie sich schmatzend einen Klecks Mayo aus dem Mundwinkel. »Hier und da noch mal überarbeiten, aber ansonsten ist es okay.«

»Laß mich«, raunzte ich sie an. »Mach mir lieber eine Blutige Marie, ich bin grad so gut im Fluß.« Wenn ich in Schwung war, brauchte ich einen Verwöhncocktail à la Tina, sonst war ich nicht denkfähig.

Ich seufzte, nahm die Kiste aus dem Auto und ging ins Haus. Mal abwarten, was sich ergab. Und richtig, pünktlich um ein Uhr klingelte es an der Tür. Der Feigling hatte sich also entschlossen, sein Inkognito zu lüften. Immerhin.

Vor der Tür stand ein untersetzter Mann, der seine besten Jahre schon lange hinter sich hatte. Das mausbraune, leicht ins schimmlig-gräuliche changierende Haar war schon heftig gelichtet, der Rest dafür aber auf lang gezüchtet und, wie man es von einem Spießer erwartet, quer über den Kopf gelegt und mit Frisiercreme festgegelt. Als er meiner ansichtig wurde, streckte er die Bierwampe raus, die in einem beige-braun gestreiften Polyesterhemd steckte, und stellte sich mit wichtiger Miene vor. »Krause. Sie stehen auf meinem Parkplatz.« Er bemühte sich, seiner Stimme einen vollen Ton zu verleihen, doch er klang eher wie ein Anwärter auf den Eunuchenstatus. Ich mußte mir das Grinsen verkneifen.

Demonstrativ lugte ich an ihm vorbei zu meinem Auto und schüttelte den Kopf. »Wieso? Ich stehe auf meinem Carport.« Was wollte der eigentlich von mir?

»Frau Schulz hat mir diesen Platz seit mehr als fünfzehn Jahren kostenfrei überlassen, ich darf doch wohl sagen, daß sich daraus ein gewisses Gewohnheitsrecht ableitet.« Er blähte sich noch weiter auf, so daß ich schon fürchtete, er würde platzen und ich hätte dann die Schweinerei mit der Leiche.

»Davon ist mir nichts bekannt. Gibt es darüber eine schriftliche Abmachung?«

Krause rückte näher und ließ den Kopf wie ein Geier vorschnellen. Sein Deo roch nach Insektenspray. »Ich bin mir sicher, Frau Schulz ist in ihrem Testament darauf eingegangen. Schließlich habe ich ihr immer mal bei Arbeiten im Haus geholfen und überhaupt eine Menge Verantwortung für sie übernommen.«

»Tja, tut mir leid, aber ich habe das Haus von den Erben gekauft, irgendwelche Sonderregelungen wurden nicht vereinbart. Und ich brauche den Carport, sorry.« Ich machte Anstalten, die Tür zu schließen, doch Krause stellte blitzschnell seinen Fuß zwischen Tür und Zarge. Beige Socken in olivgrünen Sandalen! Ich mußte würgen.

»Da ist das letzte Wort noch nicht gesprochen! Sie wissen ja nicht, mit wem Sie es zu tun haben«, fauchte er wütend, doch dann zog er sich zurück.

»Das beweist mal wieder, wieviel Wahrheit in diesen Horrorschockern steckt«, Tina grinste hämisch.

»Genau! Von wegen trivial!«

Ich neige prinzipiell nicht dazu, mich einschüchtern zu lassen, ich bin Löwin, Aszendent Skorpionin, und so hatte ich Krause schon bald vergessen, denn so ein Umzug kostet Zeit und Nerven, besonders, wenn man einen ganzen Zoo im Gefolge hat. Die Hunde bellten die neue Nachbarschaft zusammen, die Katzen wilderten in fremden Gärten, die Vögel schissen dünn, und die Bevölkerung des Aquariums hatte zur Hälfte den Wasserwechsel nicht überstanden.

Doch schon als ich die schuppigen Leichen im Komposthaufen entsorgen wollte, stand mir die nächste Überraschung ins Haus. Ich hatte gerade stumm, aber weihevoll meiner armen Dahingeschiedenen gedacht, als mich hohe Kläfftöne aus der Kontemplation rissen. Ein allerhöchstens rattengroßer Yorkshire-Terrier mit rosa-geblümtem Umhang und rosa Satinschleife hatte sich durch meinen Jägerzaun gezwängt und bellte wie wild auf meine Schwedenclogs ein. Ehe ich mich versah, bogen meine beiden halbwüchsigen Doggen um die Ecke und stellten den Feind. Dieser zeigte, für einen Vertreter seiner Rasse völlig uncharakteristisch, Respekt. Winselnd raste er zurück durch den Zaun – und prallte gegen ein strammes Frauenbein in Stützstrumpfhose.

»Willkommen in der Hölle«, dröhnte die dazugehörige Besitzerin. Mein Bedarf an Willkommensgrüßen war zwar eigentlich schon gedeckt, doch die Frau sah nicht so aus, als könne man sie leicht abwimmeln. Sie bückte sich, um den Kläffer hochzuheben, und stellte sich dann ohne Umschweife vor. »Müller-Gütersloh«, bellte sie und streckte mir eine Hand in Größe eines Eßtellers entgegen. Ich mußte grinsen. Konnte man wirklich so heißen? »Na, Kindchen, haben Sie sich schon eingelebt?« Sie lachte mich breit an.

»Naja ...« stotterte ich. »Ich bin ja quasi gerade erst angekommen ...«

»Jaja, das wird schon noch.« Sie steckte die Töle in die Tasche ihrer Kittelschürze. »Ist ein schönes Fleckchen hier. Ich wohne gleich nebenan.« Sie deutete mit ihrer Betonfrisur auf einen ziemlich verwahrlosten Bungalow im Flachbaustil. »Die meisten sind hier ganz locker, von ein, zwei Ausnahmen mal abgesehen.«

Ihr Blick wanderte wie zufällig hinüber zum Haus von Krause. »Nur einer guckt hier genau über den Zaun anderer Leute.« Sie grinste in sich hinein.

»Ach, das hätte ich jetzt nicht gedacht!« konnte ich mir nicht verkneifen. Ich wollte zu ein paar Fragen über die

Nachbarschaft ansetzen, doch sie redete nach kurzem Luftholen ohne Punkt und Komma weiter.

»Wir sind hier übrigens alle in einer Bürgerinitiative engagiert.« Ongaschiert, sagte sie. »Fast alle. Für den Erhalt des Stadtwalds, ein echter Naturgarten Eden, sage ich Ihnen; kommen Sie doch einfach mal zu einer Sitzung, dann lernen Sie gleich Ihre Nachbarn kennen.« Sie strahlte mich an.

Tina widmete sich ihrer Apfeltasche und verbrannte sich die Zunge. »Scheiße«, knurrte sie. »Komische Gegend, das. Daß hier so unterschiedliche Leute zusammenleben ... Ökotrinen, Psychopathen, Blockwarte und Tölen mit Umhang ... alles durcheinander, wie im Film.« Sie kicherte albern.

»Ich wünschte, es wäre einer«, grollte ich.

»Sei doch froh, diese Typen helfen dir, dein Talent so richtig zu entfalten.« Sie machte ein ganz ernstes Gesicht, und so wußte ich wieder nicht, ob sie es ernst meinte oder mich veräppelte. Aber normalerweise belog sie mich nicht, weil sie wußte, daß mein Zorn sternzeichengerecht fürchterlich sein konnte.

So hatte ich also einen ersten Vorgeschmack von meiner neuen Heimat bekommen, und ich wußte nicht recht, ob ich lachen oder weinen sollte. Frau Müller-Gütersloh winkte stets fröhlich herüber, wenn sie meiner ansichtig wurde, von Krause bekam ich in den nächsten Tagen nicht viel zu sehen. Nur zweimal bekam ich mit, wie er morgens, bevor er in sein Auto stieg, einen bösen Blick zu meinem Haus herüberwarf.

Doch gleich am folgenden Samstag hatte ich einen Brief von einem Dr. Guido Zorn im Kasten. Mußte jemand mit diesem Namen Anwalt werden? Ich hätte umgehend dafür zu sorgen, daß meine Katzen nicht mehr das Grundstück von Herrn Krause verunreinigten, andernfalls hätte ich mit einer Geldstrafe zu rechnen.

Ich schäumte vor Wut. Dieser hinterhältige Fiesling! Kein Wort zu mir persönlich, nein, gleich den Anwalt bemühen. Auf sowas stand ich ja. Ich zählte bis tausend – auf japanisch –, dann hatte ich mich hinlänglich beruhigt, um Krause aufzusuchen. Er öffnete auf mein Klingeln hin die Tür nur einen winzigen Spaltbreit. Vermutlich hatte er Angst, ein Alien könnte an so einem Prachtexemplar der menschlichen Spezies wie ihm interessiert sein.

»Ja, bitte?« fistelte er.

»Warum haben Sie mich nicht persönlich auf Ihr Problem mit den Katzen angesprochen?« Ich spürte, wie mir schon wieder die Galle hochkam.

Er zog die Tür ein wenig weiter auf und schob seinen Bierbauch zu mir hinaus. »Weil ich ja bereits erlebt habe, wie wenig einsichtig Sie in rechtlichen Fragen sind«, antwortete er mit spitzen Lippen. Das war mir vielleicht ein Herzchen! Aber ich riß mich zusammen.

»Können Sie mir sagen, wie ich den Tieren klarmachen soll, daß Ihr klinisch reiner Garten für sie tabu ist?«

Krause plusterte sich auf. »Das ist nun wirklich Ihr Problem. Aber ich sage Ihnen, wenn das rote Ungeheuer hier noch einmal auftaucht, kann ich für nichts garantieren.«

»Rotes Ungeheuer? Sie meinen, es war eine rote Katze? Aber ich habe gar keine roten Katzen!« triumphierte ich.

Sein Bauch gab ein wenig nach, als entweiche ihm die Luft. Wirklich dumm, das! Er stotterte kurz verlegen herum, murmelte etwas wie: »Egal, gilt auch für Ihre Viecher«, dann ließ er mich einfach stehen und knallte die Tür zu. Ich war völlig perplex. Und als ich mich umdrehte, ging die Tür noch mal kurz auf, und er zischte mir »Hexe« hinterher.

»Der war echt grell drauf«, kicherte Tina. »Der hatte doch was genommen, oder?«

»Keine Ahnung. Auf jeden Fall war mit ihm nicht zu reden.« Ich griff nach der zweiten Marie und nahm einen großen Schluck.

Von dem Anwalt hörte ich fast zwei Wochen lang nichts, und ich wähnte mich schon in Sicherheit. Inzwischen hatte ich mich häuslich eingerichtet und Tina und ein paar Trullas aus meinem Selbstverteidigungskurs zum Grillabend eingeladen. Der Samstag abend war mild, die Musik laut, die Party fröhlich.

Gleich am nächsten Dienstag durfte ich mich erneut von der Formulierkunst des Dr. Zorn überzeugen. Er forderte mich nicht nur auf, Herrn Krause fürderhin nicht mehr zu belästigen, sondern klärte mich auch über die Konsequenzen nächtlicher Störungen in Form von verkokeltem Fleischgeruch und als Lärm empfundenen musikalischen Geräuschen auf.

Bei der Erinnerung an diesen Zwischenfall geriet ich so richtig in Fahrt. »Meine Mutter würde sich im Grab umdrehen, wenn sie schon tot wäre«, grummelte ich.

»Aber nein«, redete Tina auf mich ein, »sie wäre stolz darauf, daß du so virtuos mit dieser Situation umgegangen bist und das Problem mit deinem ungeheuren Potential kreativ verarbeitest.«

Ich reagierte nicht auf dieses Lob – sie las offenbar zu viele theoretische Abhandlungen über Wahrheit und Dichtung.

Zwar wurde mir – vorerst – nicht weiter mit Geldbußen oder ähnlichen Unerquicklichkeiten gedroht, doch von da an schüttete mich Krause mit unerwünschtem Schriftgut nur so zu. Ob offensiv parkende Besucher, mangelndes ästhetisches Empfinden bei Gartengestaltung und Auswahl der Markisenfarbe oder eigenwillige Bestückung der gelben Tonne – Krause outete sich als der fünfte Apokalyptische Reiter.

Auch bei der Bürgerinitiative zur Erhaltung des Stadtwalds rollte man allseits mit den Augen, wenn Nachbar Krause ins Spiel kam. Kein Beschluß kam ohne Widerspruch durch, zu jeder noch so unbedeutenden Kleinigkeit hatte er Widerworte. Natürlich war er ein erklärter Gegner des wilden Stadtwalds, dieses Hortes von Ungeziefer, deren Krankheiten es auf die Zivilisation, von wilden Kräutern, die es auf seinen sauberen Garten abgesehen hatten. Besonders gerne schrieb er ellenlange Schriftsätze an die sehr verehrten Nachbarn, ganz besonders gerne gab ihm Frau Müller-Gütersloh Zunder, deren abgewrackten Bungalow er immer wieder bevorzugt aufs Korn nahm, wenn es ihm an sachlichen Argumenten gebrach. Sie mußte wohl eine ausgeprägte Hornhaut auf der Seele haben, wenn sie diese Siedlung als »ganz locker« bezeichnen konnte.

»Also, damit Sie es genau wissen«, Frau Müller-Gütersloh legte mir noch eine Zimtwaffel auf den Teller, »der Mann hat einen gewaltigen Sprung in der Schüssel!«

Wir saßen in ihrem gemütlichen, weil total unordentlichen, Wintergarten und mampften selbstgebackene Waffeln. Meine Doggen hatten sich mit Fiffi Zwo angefreundet, dem blümchenverzierten Yorkshire-Kläffer der Müllerschen. Die Gute umhegte mich wie eine Tochter. Seit ich mal hatte durchblicken lassen, daß ich nicht unbedingt die Hohepriesterin der Kochkunst war, versorgte sie mich alle zwei Tage mit Selbstgekochtem und -gebackenem. Einzige Gegenleistung: hin und wieder für ein Schwätzchen zur Verfügung stehen. Das ließ sich durchhalten, denn sie kochte einfach begnadet.

»Ja«, stimmte ich ihr mit vollem Mund zu, »so könnte man das ausdrücken.«

»Wie der Schein trügen kann.« Sie beugte sich vertraulich zu mir herüber. »Kein Wunder, daß seine Frau ihn verlassen hat. Er war ja nicht nur einmal in Behandlung, aber genützt hat es alles nichts.« Triumphierend stach sie mit der Gabel auf ihre Waffel ein.

Ich mußte husten. »Behandlung? Wieso das?« Vor meinem inneren Auge zogen geschändete Frauenleichen vorbei, die er in seinen sorgsam gehegten Rabatten vergraben hatte.

»Naja, es sollte natürlich niemand wissen, aber sowas kommt ja immer raus ...« Bedeutungsschwanger ließ sie den Satz in der Luft hängen. Sie wollte ungern als Plaudertasche gelten.

Ich tat ihr den Gefallen und hakte nach. »So schlimm?«

»Wie man's nimmt. Er hat eine Zwangsneurose.« Befriedigt lehnte sie sich zurück. Jetzt war es heraus.

»Ach so.« Beinahe war ich enttäuscht. Das war zwar nicht angenehm, aber auch nicht unbedingt anrüchig. Allerdings erklärte es seine angestrengten Versuche, seinen Haarwuchs ebenso wie seine Gartenbegrünung in strenge Bahnen zu lenken.

»Sie sollten mal in sein Haus kommen! Die Zeitschriften liegen der Größe nach sortiert auf dem Tisch, seine Topfpflanzen beschneidet er regelmäßig, damit sie alle auf gleicher Höhe sind. Und Möbel müssen mit den Bodenfliesen auf Kante stehen – wie die Zinnsoldaten!«

Mir wurde so manches klar. Katzen, die in seinem Garten wühlten, konnte er da natürlich kaum ertragen. Und Grillqualm, der sich nicht zügeln ließ, erst recht nicht. »Eigentlich ein armer Mann, oder?«

»Arm? Ha!« Frau Müller-Gütersloh lachte keckernd auf. »Arm ist der Briefträger, der auf der Flucht vor dem bissigen Dackel des Nachbarn in Krauses Ginster getrampelt ist. Der Psychopath hat ihn angefallen und auf ihn eingeprügelt, und wäre mein Mann – Gott hab ihn selig! – damals nicht dazwischengegangen, wäre der gute Postmann jetzt tot.«

Ich war perplex. »Dann hat man ihn deswegen in die Anstalt gesperrt?« Vor dem Kerl mußte man sich ja in acht nehmen.

»Ja, ich kann Ihnen sagen, das war eine Aufregung.« Bei einer dritten Zimtwaffel hörte ich mir die ausführlichen Entsetzlichkeiten an, die sich hinter dieser Fassade des Spießertums abspielten. Als ich zwei Stunden später zu meinem Haus hinüberging, fühlte ich mich alles andere als wohl. Zumindest war mir jetzt klar, warum ein erwachsener Mann an jedem regenfreien Morgen, den das Universum uns bescherte, entweder mit Rasenmäher oder Blattgebläse durch seinen ohnehin schon makellosen Garten fuhrwerkte. Ganz besonders dieses Gebläse machte mich rasend. Warum, um alles in der Welt, konnte man heutzutage herumliegende Blätter nicht mehr mit einer gewöhnlichen Harke zusammenfegen?

Ich weiß auch nicht genau, welcher Teufel mich dann ritt, aber als Krause das nächste Mal zu diesem Höllengerät griff, brach sich das Kind in mir Bahn. Er hatte mich bereits ab halb acht an einem Samstagmorgen damit genervt und irgendwelchen Unrat von seinem Rasen geblasen. Während ich vor Wut kochend über diverse Mordmethoden nachdachte, kam mir der geniale Gedanke, für dessen Verwirklichung nicht einmal große Vorbereitungen nötig waren.

Schützenhilfe gab mir diesmal mein Horoskop, auf das

ich inzwischen ein wenig genauer achtete. Es legte mir nahe, eine Lösung nicht auf die lange Bank zu schieben, wenn ich nicht alles nur noch schlimmer machen wolle. Und so schlich ich mich am Abend im Schutz der Dunkelheit und ganz in Schwarz hinunter in meinen Garten und sammelte einen Armvoll Blätter auf, die den Sommerstürmen nicht standgehalten hatten. Das war ein leichtes, denn seit meinem Einzug, der nun schon mehrere Wochen zurücklag, hatte ich in dem Garten noch keinen Handschlag getan. In der Nachbarschaft war alles ruhig – kein Wunder, ab zehn Uhr abends galt hier Sperrstunde; wer da noch auf der Straße gesichtet wurde, machte sich verdächtig.

Nach rechts und links sichernd schlich ich mich wie Paulchen Panther über die Straße zu Krauses Garten. Nur ein Fenster war erleuchtet, das Küchenfenster. Natürlich konnte ich der Versuchung nicht widerstehen und lugte hindurch. Krause stand vor einem Schrank und drehte andächtig die Etiketten von Konservendosen – selbige selbstverständlich der Größe nach geordnet – lesbar nach vorne. Au weia, den Film hatte ich auch gesehen; vermutlich diente er ihm zur stetigen Inspiration.

Ich konnte nur mit Mühe ein Kichern unterdrücken, doch mußte noch ein gutes Werk vollbracht werden. Links und rechts neben der Eingangstür standen zwei geschmacklos-braune Plastikzuber mit irgendeinem mir unbekannten Gestrüpp, das zusätzlich durch rosa Schleifen verunziert war. Dort sollte der erste Streich stattfinden. Ich nahm eines meiner gesammelten Blätter zur Hand und holte grinsend den Sekundenkleber aus der Tasche. Vorsichtig, ganz vorsichtig verteilte ich den Kleber dünn auf dem Blatt und pappte dieses mittig auf den linken Zuber. Es haftete wunderbar, genau wie auf der Pakkung beschrieben: klebt alles auf jedem Untergrund. Endlich hatten die Werbefuzzis mal die Wahrheit gesagt! Zügig machte ich weiter und klebte Blatt um Blatt auf Zuber, Betonplatten und sogar an einen Rosenstrauch. Bevor ich vor Lachen platzte, machte ich mich schließlich davon.

»Daran kann ich mich auch noch gut erinnern«, grinste Tina. »Das war wochenlang *das* Gesprächsthema hier.«

»Und *du* bist schuld daran. Wie immer. Bevor ich dich kannte, wäre ich auf so was nie gekommen!«

Tina murmelte kaum hörbar »Tucke« in ihren Damenbart, aber ich ließ es ihr durchgehen. Schließlich hatte sie irgendwo recht, von ihr ließ ich mir selten etwas sagen. Aber im Verteilen von Streicheleinheiten war sie große Klasse, da hatte sie mein Ego schon manches Mal wieder ganz von unten aufgebaut.

Am Sonntag blieb es ruhig, schließlich verletzte man nicht ohne Not das Sonntagsruhegebot, doch mehrmals sah ich Krause einen verwunderten Blick auf seine Blumenzuber werfen. Vermutlich fragte er sich, welches Wunder der Schwerkraft es diesen penetranten Blättern ermöglichte, sich an seinem Eigentum zu vergreifen. Das Geheimnis sollte bald gelüftet werden. Pünktlich um halb acht am Montagmorgen dröhnte der Blasius los, und Krause machte sich an seine ihm sicher von Gott erteilte Aufgabe, renitentes Treibgut zu vernichten.

Wie der Blitz schoß ich aus dem Bett und lünkerte zwischen den Lamellen meines Rollos nach unten. Hochkonzentriert fuhr der Terminator mit dem Blasgerät über diverse Blätter, die widerstandslos zur Seite wichen, bis er auf meine Brut stieß. Sie wankten nicht, noch wichen sie, und Krause wurde leicht rosa im Gesicht und auf der Platte. Kein schöner Anblick! Mit hektischen Bewegungen fuhr er immer wieder über das Blatt am rechten Zuber, doch nichts tat sich. Argwöhnisch sah er sich nach beiden Seiten um, dann beugte er sich hinunter und zerrte, bis er einen Teil des Blattes in der Hand hielt. Prüfend drehte er es hin und her, sein Gesicht wurde immer dunkler – und plötzlich wirbelte er unerwartet behende herum und schaute zu meinem Fenster hoch. Er machte ein Gesicht, als hätte er in einen Klostein gebissen.

Entsetzt zuckte ich zurück, als hätte sein Blick mich durchbohrt. Naja, wenn er nicht ganz doof war, konnte er sich natürlich ausrechnen, wer auf so eine blöde Idee gekommen war. Ich hatte den Gedanken kaum zu Ende gedacht, da klingelte es schon an der Tür. Ich räusperte mich ein paarmal, um mich innerlich zu rüsten, dann schlenderte ich betont gelassen die Treppe hinunter und öffnete.

»Sie ... Sie ...« stammelte er und fuchtelte mir mit dem Corpus delicti vor der Nase herum. »Sie glauben wohl, Sie können mich für dumm verkaufen?« Er holte keuchend Luft.

Ich beschloß, einen auf versöhnlich zu machen, wer

wußte schon, wie lange ich ihn noch als Nachbar ertragen mußte. »Herr Krause, das war doch nur ein kleiner Jux. Es war nicht böse gemeint!« Ich spürte, wie auf meiner Stirn rote Flecken aufleuchteten, vermutlich stand da in dicken Lettern *Ich lüge wie gedruckt!*

Offensichtlich sah Krause das auch, denn er ließ sich nicht besänftigen. Er schrie was von »gerechte Strafe« und etwas wie »werden sich noch wundern«. So genau bekam ich das nicht mit, denn an meinem Gartentörchen war Frau Müller-Gütersloh aufgetaucht, die das ganze Drama offensichtlich verfolgt hatte und breit grinsend hinter Krauses Rücken Faxen machte. Jetzt kam sie näher heran, Fiffi Zwo fest unter ihren Busen geklemmt, und versuchte zu vermitteln. »Aber, aber, lieber Nachbar, das kann doch so schlimm nicht sein.«

»Ich verbitte mir jede Einmischung! Ich sehe mich hier als Opfer willkürlichen Nachbarmobbings! Das lasse ich mir nicht mehr gefallen! Sie werden noch an mich denken! Alle!« Wild mit den Armen fuchtelnd trat er den Rückzug an, und seine Stimme, die in einen bedenklichen Diskant gerutscht war, überschlug sich endgültig. Er knallte das Gartentor ins Schloß und rauschte von dannen.

In den nächsten zwei Wochen herrschte Grabesruhe auf seinem Grundstück, und von Krause war kein Haar zu sehen. Vermutlich hatte ihm sein Psychiater geraten, die Jacke mal eine Zeitlang mit den Armen nach hinten zu tragen. Auf jeden Fall fehlte uns allen richtig etwas.

Doch das hätte uns besser stutzig gemacht, denn kaum hatten wir uns mit dieser paradiesischen Situation angefreundet, setzte in der Siedlung der plötzliche Tiertod ein. Als erstes wurde der stattliche rote Kater aus Nr. 126 tot aufgefunden, vergiftet, auf dem eigenen Grundstück. Natürlich fiel uns dazu sofort Krause ein, doch konnten wir ihm nichts beweisen, und so mußten wir hilflos zusehen, wie noch drei weitere Katzen sowie Fiffi Zwo, dessen Vorname eigentlich Gier lautete, das Zeitliche segneten.

Kurz vor meinem Geburtstag traf es dann mich. Meine geliebte Mausi lag schlapp auf meiner Türschwelle, mit Sekundenkleber war ein Zettel auf ihrem Fell befestigt. *Ich habe Sie gewarnt, legen Sie sich nicht mit mir an,* lautete der Text anonym – der wollte mich offenbar tatsächlich für dumm verkaufen!

Elendig krepiert waren die armen Viecher, weil sie dachten, sie hätten mal einen richtig guten Happen erwischt. In Hackfleisch war das Gift verpackt gewesen, simples Rattengift, das in den Eingeweiden übelste Schäden anrichtete, wie der Tierarzt sagte.

Das reichte! Ich bin an sich ein gutmütiger Mensch und versuche, die Macken meiner Mitmenschen klaglos zu ertragen, aber das ging zu weit.

Ungewöhnliche Situationen erfordern ungewöhnliche Maßnahmen, und wenn ich in Aufruhr bin, kann ich ungeheuer kreativ werden. Ich zermarterte mein Hirn nach einer geeigneten »Bestrafung«, doch alles war entweder zu gefährlich oder zu kompliziert.

Aber zum Glück gibt es ja so viele unehrliche Menschen. Ich hatte mich schon fast damit abgefunden, daß Krause unsere nette kleine Siedlung wohl auf immer und ewig schikanieren würde, da kam mir erneut mein Tageshoroskop zur Hilfe. Es riet mir, mich mit einem schwierigen Problem an eine Person zu wenden, die einerseits über die notwendigen Kenntnisse verfügte und andererseits nur zu gerne bereit sein würde, mir zu helfen.

Sofort fiel mir Susanne F. aus B. ein. Ich hatte sie bei den Recherchen zu einem Buch über alternative medizinische Behandlungsmethoden kennengelernt und fand sie sofort unsympathisch. Null Selbstwertgefühl gepaart mit großer Klappe, drängte sich, wann immer es ging, in den Vordergrund, war nett zu allen Leuten, die ihr in ihrer Karriere weiterhelfen konnten, und ließ sie fallen, wenn sie ihre Schuldigkeit getan hatten. Darauf stand ich nun gar nicht. Zu meiner großen Häme durfte ich alsbald auch noch herausfinden, daß sie die gediegenen Schlußfolgerungen ihrer Doktorarbeit bei bekannten amerikanischen Heilern abgeschrieben und als ihre eigenen Erkenntnisse ausgegeben hatte. Ich weiß nicht mehr, warum ich damals Stillschweigen darüber bewahrte, aber auf jeden Fall zahlte sich das jetzt aus.

»Dr. Susanne Ganter«, meldete sie sich mit arroganter, ein wenig tiefergelegter Stimme.

»Hallo, Frau Doktor«, betonte ich ihren Titel, »wie geht es uns denn so?«

»Ach, Sie sind es«, nölte sie gedehnt. Ihr schlechtes Gewissen hatte mich also sofort erkannt.

Ich spielte zunächst die Fröhliche, um sie mir gewogen zu machen, und allmählich kam ich auf den Anlaß meines Anrufs zu sprechen.

»Ich soll Ihnen Gift besorgen?« kreischte sie, daß der Telefonhörer in meiner Hand vibrierte. »Sie sind doch nicht ganz dicht!«

»Na, na, na«, beschwichtigte ich sie, »aber Frau Doktor ... das dürfte Ihnen doch keine Schwierigkeiten bereiten, nicht wahr?« Mit wohlgesetzten Worten führte ich aus, wie ich mir unseren Deal gedacht hatte, und sie wurde immer ruhiger und einsichtiger. Kurz: im Handumdrehen hatte ich sie davon überzeugt, daß ihre berufliche Zukunft davon abhing, mir ein schnell wirkendes, schwer nachzuweisendes, möglichst unbekanntes Mittelchen zu beschaffen, das unsere Siedlung ein für allemal von diesem Pedanten befreien würde. Wir machten noch einen konspirativen Treffpunkt aus, und die Sache war geritzt.

»Ach, deswegen warst du neulich in der großen Stadt! Hatte mich schon gefragt, was du da wolltest, wo dir der Trubel dort doch so zuwider ist.« Tina schnalzte mit der Zunge.

Ich zog nur die Stirn kraus und enthielt mich jeden Kommentars.

Als der Abend meiner Wahl vor der Tür stand – Krause war pünktlich um 18 Uhr 30 losgefahren, es war sein Kegelabend, den er, wie man hörte, seit fünfzehn Jahren nicht einmal verpaßt hatte –, war ich doch nervöser, als ich mir vorgestellt hatte. Die Minuten verrannen im Stundentakt, und ich fürchtete schon, einem Herzkasper zu erliegen, doch irgendwann war es dunkel, und ich konnte meine Mission beginnen.

Sorgfältig achtete ich darauf, mich von Kopf bis Fuß in Schwarz zu hüllen, und pries im Geiste das herrschende Modediktat. Für die paar Meter von meiner Haustür in Krauses Garten brauchte ich schätzungsweise fünfundvierzig Minuten, denn ich sicherte immer wieder nach allen Seiten, damit mich bloß niemand entdeckte. Womöglich hätte man mir dann noch nachgesagt, ich würde mich in maskuliner Verkleidung zu einem Treffen anonymer Transsexueller schleichen.

Schweißgebadet kam ich schließlich drüben an. Zur Beruhigung setzte ich mich erst mal in den Schatten eines Rhododendronstrauches. Nicht, daß ich mich vor lauter Aufregung nachher noch selbst um die Ecke brachte. Gelegentlich leckte ich mir im Geiste ein paar Wunden, weil mein Gewissen mich biß, aber das hielt ich locker aus.

Als der Schweiß getrocknet war und mein Puls sich wieder einigermaßen im normalen Rahmen bewegte, rappelte ich mich auf und spähte zur Sicherheit noch mal durch das Küchenfenster.

Was ich sah, ließ mir das Blut in den Adern gefrieren, und ich konnte mir gerade noch einen Aufschrei verkneifen.

Frau Müller-Gütersloh stand mit irrem Grinsen mitten in Krauses Küche und atmete schwer. In der Hand hielt sie eine riesige, gußeiserne Bratpfanne, die sie dem Herrn des Hauses offenbar soeben übergebraten hatte, denn dieser lag ein wenig verrenkt und mit erstauntem Gesichtsausdruck in einer recht üppigen Lache Blut. Es war noch knallrot, also ganz frisch.

Die Müllersche kicherte albern, steckte die Pfanne ein und verließ im Schweinsgalopp den Tatort. Noch bevor ich mich in Sicherheit bringen konnte, schoß sie um die Hausecke, und wir prallten zusammen.

Sie wurde aschfahl, und ausnahmsweise verschlug es ihr einmal die Sprache.

Reflexartig hob ich das Giftfläschchen und fuchtelte damit vor ihren Augen herum. Ich brauchte gar nichts zu sagen, sie verstand auch so, denn sie grinste plötzlich breit und nahm wieder eine menschenwürdige Farbe an.

»Ziemlich unordentlicher Tod für so einen ordentlichen Mann«, wisperte ich und zwinkerte ihr zu.

Sie zwinkerte verschwörerisch zurück, und in schweigendem Einvernehmen entfernten wir uns vom Ort der ruchlosen Tat.

»Sach ma«, Tina runzelte die Stirn und starrte mich durchdringend, wenn auch nicht mehr ganz so fokussiert an. »Hast du nicht erzählt, Krause wäre seit ein paar Tagen verschwunden?«

Ich spitzte die Lippen und zuckte die Schultern. »Ja, wieso?«

»Hat schon mal jemand in seiner Küche nachgesehen?« Ihre Augen verengten sich zu Schlitzen.

»Keine Ahnung. Willst du etwa andeuten ...?« Ich gab mich empört.

»Ich meine ja nur.« Sie lehnte sich zurück und grinste leicht.

Ich grinste zurück.

Sabine Deitmer
Pascha ist tot

Petra steckte ihren Lockenkopf zur Tür herein: »Da will jemand einen Kommissar, der Ahnung hat.«

Ich lächelte geschmeichelt.

»Außerdem ist er total süß.«

»Gib mir zwei Minuten.«

Petra schloß die Tür.

Ich zog die oberste Schreibtischschublade auf. Süße Männer in meinem Büro sind so selten wie weiße Elefanten, da lohnt es sich schon einmal, den eigenen Anblick zu prüfen. Ich klappte den Spiegel auf. In meinen Augen stand der fehlende Schlaf, und mein Lippenstift war abgenagt. Ich besserte nach.

Es klopfte an der Tür.

»Herein.« Ich warf den Schminkkram in die Schublade zurück. Petra hatte nicht zuviel versprochen. Ein blonder Typ mit sanft gebräuntem Teint und dem gewissen Etwas stand zögernd auf der Schwelle.

»Sind Sie Frau Kriminalkommissarin Stein?«

»So ist es«, bestätigte ich und zeigte auf den Besucherstuhl. »Beate Stein. Setzen Sie sich doch.«

Er lief mit federnden Schritten durch den Raum. So federte ein Mensch, der gesund lebte, sich an der frischen Luft aufhielt und jede Nacht ausreichend schlief. Ganz im Gegensatz zu mir.

»Was kann ich für Sie tun?« fragte ich.

Er sah mich aus hellen Augen an. »Ich weiß nicht, wo ich anfangen soll.« Seine Nase kräuselte sich. Die Sommersprossen rieselten die Nase hinunter.

»Am besten, Sie verraten mir erst einmal, wer Sie sind.«

»Tut mir leid«, entschuldigte er sich. »Hab ich ganz vergessen. Tommy. Tommy Wiesner.«

Er schwieg. Ich wartete geduldig.

»Das war Mord«, platzte es aus ihm heraus. »Obwohl auf dem Totenschein Nierenversagen steht.«

»Wieso glauben Sie, es war Mord?« fragte ich.

»Weil es zum zweiten Mal passiert ist.«

»Was ist zum zweiten Mal passiert?« fragte ich.

»Das Nierenversagen. Kurti ist angeblich auch an Nierenversagen gestorben. Damals.«

»Kurti war also der erste Tote«, versuchte ich zu sortieren. »Wann ist er gestorben?«

»Letzten November«, gab er Auskunft. »Da ist Kurti zusammengebrochen. Einfach so.«

»Und wie ist man auf Nierenversagen gekommen?«

»Bei der Obduktion. Der Arzt hat herausgefunden, daß es Nierenversagen war.«

»Und wer ist jetzt gestorben?« fragte ich.

»Pascha«, antwortete er. »Paschas Leiche wurde gestern untersucht. Und der Arzt sagt wieder, daß es Nierenversagen war. Wie bei Kurti.«

Kurti, Pascha. Was für Namen! Waren das seine Freunde aus dem Fußballverein?

»In welcher Beziehung standen Sie zu den Toten?« fragte ich.

»Ich war ihr Pfleger.«

»Ihr was?« Ich traute meinen Ohren nicht.

»Ihr Pfleger.«

»Aber wenn Sie der Pfleger sind, dann müssen die Toten doch schon zu Lebzeiten Beschwerden gehabt haben«, sagte ich. »Oder verstehe ich da was falsch?«

»Ich bin Tierpfleger«, erklärte er.

Mir ging eine Glühbirne auf. »Dann ist Kurti kein Mensch? Und Pascha auch nicht?«

Er schüttelte den Kopf. »Natürlich nicht.«

»Und was sind sie?« seufzte ich. »Hunde, Esel, Pferde?«

»Kurti ist Berberlöwe«, verriet er mir. »Und Pascha auch.«

Berberlöwen. Hier in der Stadt?

»Und wo lebten Kurti und Pascha?« erkundigte ich mich. »Im Zirkus? Im Safaripark?«

»Im Zoo«, gab er bereitwillig Auskunft. »Ich arbeite als Pfleger im Raubtierhaus.«

»Für Tiere sind wir nicht zuständig«, sagte ich.

»Aber es ist Mord.« Er sah mir in die Augen. »Und Sie arbeiten bei der Mordkommission.«

»Mord allein reicht nicht«, seufzte ich. »Es muß Mord am Menschen sein.«

»Wenn Sie nicht zuständig sind, wer ist es dann?«

»Vielleicht versuchen Sie es mal beim Tierschutzverein«, schlug ich vor.

»Die doch nicht«, wehrte er ab. »Die nutzen das nur für

sich aus. Starten 'ne Kampagne. Löwen sterben wegen nicht artgerechter Haltung im Zoo oder so.«

»Ich verstehe, was Sie meinen«, gab ich zu.

»Da können doch nicht zwei Berberlöwen ermordet werden, und keinen interessiert das?« Vor Wut wechselte der Farbton seiner Augen zu einem Tiefseeblau.

»Es sind doch Obduktionen gemacht worden«, sagte ich. »Und wenn dabei nun einmal nichts Konkretes gefunden wurde ...«

»Nierenversagen. Die machen es sich einfach, die Ärzte. Nierenversagen. Kurti und Pascha waren topfit.«

»Ich wüßte nicht, wie ich Ihnen helfen könnte«, sagte ich mit ehrlichem Bedauern.

»Kommen Sie mit mir in den Zoo. Gucken Sie sich das Gehege an, die Käfige.« Seine Augen funkelten vor Eifer. »Sie finden bestimmt was.«

»Das würde ich gerne«, sagte ich. »Wirklich. Aber ich werde nicht dafür bezahlt, während der Arbeitszeit im Zoo spazierenzugehen und mir Löwenkäfige anzugukken.«

»Dann kommen Sie in Ihrer Freizeit, bitte.«

»Das würden Sie nicht vorschlagen, wenn Sie wüßten, wie meine Freizeit aussieht«, seufzte ich.

*

»Und?« Petra stöckelte auf atemberaubenden Plateausohlen zu meinem Schreibtisch. »Hab ich zuviel versprochen? Ist der nicht süß?«

Sie ließ sich in den Besucherstuhl fallen.

»Einer der attraktivsten Männer, die je an meinem Schreibtisch gesessen haben«, bestätigte ich.

»Die Haut«, schwärmte Petra los. »Sowas von samtig. Und dann die süßen Sommersprossen. Und wie der sich bewegt ...«

Die Tür ging auf. Weber stürmte mit offenem Trenchcoat herein.

»... wie ein Panther oder ein Gepard«, schwärmte Petra weiter.

»Es gibt noch schöne Männer«, sagte ich.

Weber hängte seinen Trenchcoat auf den Haken.

»Ihr meint doch sicher mich?« Er grinste.

»Wen sonst?« Petra verzog ironisch den Mund. »Was wollte der eigentlich? Mir hat er nur gesagt, es geht um Mord.«

»Zwei Morde«, sagte ich. »Aber wir sind nicht zuständig.«

»Nicht zuständig ist immer gut«, lobte Weber.

»Aber Ihr seid doch für Mord zuständig.« Petra sah verständnislos von mir zu Weber und wieder zu mir zurück. »Oder haben die uns zu Diebstahl umgetopft, und ich bin die einzige, die noch nichts davon weiß?«

»Er glaubt, zwei Löwen wären ermordet worden. Im Zoo. Und für Löwen sind wir nicht zuständig.«

»Löwen?« echote Petra ungläubig.

»Er ist Tierpfleger im Zoo. Bei den Löwen. Und zwei sind abgenippelt. Kurz hintereinander. Er glaubt, daß das nicht mit rechten Dingen zugegangen ist.«

»Kann Zufall sein«, meinte Weber.

»Oder auch nicht«, bemerkte Petra spitz.

»Beide Löwen wurden obduziert«, berichtete ich. »Und bei beiden wurde Nierenversagen festgestellt.«

»Das heißt noch nicht, daß sie eines natürlichen Todes gestorben sind«, stellte Weber fest.

»Natürlich nicht«, seufzte ich. »Trotzdem sind wir nicht zuständig.«

»Er ist sowas von süß«, schwärmte Petra.

»Er hat angefragt, ob ich nicht privat in der Sache ermitteln kann«, erzählte ich.

»Au ja«, rief Petra. »Das machst du. Du ermittelst im Zoo, und ich komm mit.«

»Soweit kommt's noch«, knurrte ich.

Die Tür ging auf. Eine kleine stattliche Kugel rollte auf uns zu. Kriminalrat Heinze, unser Chef.

Er zeigte mit einem fetten Finger erst auf mich, dann auf Weber. »In einer Minute. Bei mir im Büro.«

Er drehte sich um und walzte zur Tür.

Die Tür schlug hinter ihm zu.

Petra drückte ihre Zigarette im Aschenbecher aus.

»Keine Ahnung, was der von euch will. Ehrenwort.«

*

Heinze thronte hinter dem Schreibtisch und blickte aus luftiger Höhe zu uns herab. Das schafft er mit Hilfe eines Sessels, dessen Sitz sich hochschrauben läßt. Vermutlich hat er zusätzlich noch die Beine der Stühle, auf denen wir sitzen, um ein paar Zentimeter gestutzt. Er arbeitet mit allen Tricks.

»Ich brauche Ihre Hilfe«, trompetete er.

»In welcher Angelegenheit?« fragte ich freundlich.

»Nun ja«, er räusperte sich die Kehle frei. »Es ist ein etwas delikater Fall.«

»Das ist unsere Spezialität«, lächelte ich.

»Genau«, pflichtete mir mein Kollege bei.

»Ich bin mit Doktor Rosenkranz im Lion's Club«, vertraute er uns an. »Den kennen Sie doch sicher.«

»Hmmm«, brummte ich unverbindlich und warf den Computer in meinem Kopf an.

»Er stand ja in der letzten Zeit des öfteren in der Zeitung.«

Rosenkranz? Mein Computer startete einen neuen Suchlauf.

»Sie meinen den Leiter des Zoos?« fragte mein Kollege.

»Genau den«, trompetete Heinze erfreut. »Der hat mich um Hilfe gebeten in einer delikaten Angelegenheit.«

»Um was geht es genau?« erkundigte ich mich.

»Es geht um mysteriöse Vorgänge im Raubtiergehege. Speziell um einen Löwen. Ein wertvolles Tier, das erst vor kurzem aus Tschechien in den Zoo gekommen ist, weil ein Platz frei geworden ist.«

»Was für ein Platz ist frei geworden?« erkundigte ich mich.

»Der Platz des männlichen Löwen, des Leitlöwen sozusagen.«

»Leben Löwen nicht im Rudel?« fragte ich. »Mit mehr als einem Männchen?«

»In der Natur ist das möglicherweise so.« Heinze trommelte ungeduldig auf der Platte seines Schreibtischs herum. »Nicht im Zoo.«

»Also ein neues Männchen«, faßte ich zusammen. »Kommt aus Tschechien in den Zoo. Und weiter?«

Ich wollte wissen, was er zu erzählen hatte.

»Er lebt sich gut ein nach der Reise. Und dann fällt er um. Einfach so. Rosenkranz ordnet eine Obduktion an. Und der Arzt stellt Nierenversagen fest.«

Weber rutschte unruhig auf seinem Stuhl hin und her.

»Und jetzt hat Doktor Rosenkranz Sie um Hilfe gebeten, weil es schon der zweite Löwe ist, der an Nierenversagen gestorben ist«, sagte ich.

Heinze starrte mich mit offenem Mund an. Dann erholte er sich von seinem Schock und machte den Mund wieder zu.

»Woher wissen Sie davon?«

»Ich habe so meine Quellen«, lächelte ich geheimnisvoll.

»Und was sollen wir in der Sache unternehmen?« wollte Weber wissen.

»Fahren Sie in den Zoo«, befahl Heinze. »Hören Sie sich um. Kriegen Sie raus, ob dieser verdammte Löwe eines normalen Todes gestorben ist, oder nicht.«

Ich überlegte. Wir taten ihm einen Gefallen. Welchen Gefallen tat er uns?

»Können Sie heute nachmittag Frau Klar entbehren?« fragte ich.

»Und wieso?« bellte er. »Wenn ich fragen darf?«

»Sie kennt sich aus in der Materie«, schwindelte ich.

»Welcher Materie?« schnaubte er.

»Raubtiere«, gab ich Auskunft. »Paarungsverhalten. Männchen. Sie wäre uns bestimmt eine große Unterstützung.«

Er musterte uns mißtrauisch. »Hauen Sie ab«, schnaubte er. »Mit oder ohne Frau Klar. Und denken Sie daran: Unauffällig und diskret. Falls Sie wissen, was das ist.«

*

»Vergeß ich euch nie, daß ihr mich mitgenommen habt«, sagte Petra. »Find ich echt klasse.«

»Wenn ich gewußt hätte, daß du beim Fahren singst, hätte ich dich im Büro gelassen«, knurrte ich.

Petra schmetterte ungerührt ein weiteres Mal: »*In the jungle, the mighty jungle, the lion sleeps tonight.*«

Weber unterstützte sie nach Kräften. Er röhrte, »*mighty dschungle*«, und patschte im Takt mit der freien Hand auf das Lenkrad. Angefeuert von Petra ließ er sich zu einem echten Röhren hinreißen. Im Vergleich zu Weber röhrte der Metro-Goldwyn-Löwe geradezu diskret.

»Womit hab ich das verdient?« stöhnte ich.

Als wir den Wagen verließen, stellten sie das Singen ein und benahmen sich wieder wie halbwegs zivilisierte Zweibeiner.

An der Kasse des Zoos gab ich uns als Freunde von Doktor Rosenkranz aus. Familie Heinze. Die Dame musterte uns mit einem kritischen Blick. Ganz entsprach unser flotter Dreier wohl ihrer Vorstellung von einer Familie nicht. Aber der Herr Direktor gab grünes Licht.

»Ganz schön teuer der Eintritt«, maulte Weber, der ausrechnete, wieviel es ihn kosten würde, mit seiner echten Familie hier aufzulaufen. »Acht Mark für einen Erwachsenen, die haben 'se doch nicht alle.«

»Die kämpfen auch nur ums Überleben«, wiegelte ich ab.

Vor dem Teich mit den Flamingos stand eine Hütte mit bunten Fähnchen. Ein Pappaffe rangelte sich an einem Holzstab hoch. *Für ein neues Affenhaus* stand auf einer Banderole mit bunten Buchstaben über der Hütte.

»Ich geb euch ein Los aus«, sagte Petra. »Irre, was man alles gewinnen kann.«

Lospreis 2,– DM stand in der Mitte eines vierblättrigen Kleeblatts über der Liste, in der aufgeführt wurde, was einen bei einem Gewinn erwartete. Ich wollte weder ein schnurloses Telefon noch einen Staubsauger. Auch keine Flugreise nach Mallorca. Trotzdem griff ich in die Schale mit den Losen. Petra zog als einzige keine Niete. Sie gewann einen kleinen Plüschaffen.

»Der ist aber süß«, freute sie sich.

Das erinnerte mich daran, daß wir nicht auf einem Betriebsausflug waren.

»Du sprichst mit dem Direktor«, wies ich Weber an. »Diesem Doktor Rosenkranz. Petra und ich gehen ins Raubtierhaus. Und anschließend treffen wir uns da drüben im Café.« Ich zeigte auf die Sonnenschirme neben dem Eingang.

Weber setzte sich ohne Murren Richtung Verwaltungsgebäude in Bewegung. Ich folgte mit Petra den Schildern *Raubtierhaus*. Vor dem Kuschel-Zoo gab es einen regelrechten Kleinkinderstau. Eine Herde Schafe drängte sich an einem Tor und ließ sich willig von Kinderhänden streicheln.

»Und was mache ich, wenn du mit dem süßen Typen sprichst?« erkundigte Petra sich.

»Du denkst mit«, sagte ich. »Und schreibst das Wichtigste auf.«

Vor uns lag ein Wassergraben. Hinter dem Graben balancierte ein gefleckter Leopard über einen Baumstamm. Er tat mir irgendwie leid. So einem geschmeidigen Tier hätte ich die freie Wildbahn gewünscht. Die paar Quadratmeter Sand mit vertrockneten Baumstämmen waren zu trist.

Ein Schild wies zum Eingang des Raubtierhauses. Gleich neben dem Eingang hing eine Tafel mit Informationen zu den Berberlöwen. Petra und ich machten uns schlau. Vor achtzig Jahren hatten sie das letzte Mal in Freiheit gelebt.

Auf den Schautafeln waren die Löwen liebevoll in Farbe gemalt. Ein Berberlöwe mit seiner mächtigen Halskrause blickte mir stolz in die Augen.

Das Innere des Raubtierhauses war klinisch sauber und erinnerte an eine Metzgerei. Überall Fliesen. Und hinter mächtigen Glasscheiben die leeren Käfige der Tiere. Die Liegeplätze der Tiere an den Wänden erinnerten mich an die Pritschen in Gefängniszellen.

In einer Ecke war die Küche. Ebenfalls klinisch sauber.

An silbernen Haken hingen Vögel, die zum Füttern der Raubtiere bestimmt waren. Einige hatten noch ihre Federn, andere sahen krank und jämmerlich aus.

»Schön, daß Sie doch noch gekommen sind.«

Tommy Wiesner. Er war lautlos zu uns getreten. Selbst in einem dunkelblauen Arbeitsanzug sah er umwerfend aus.

»Ist uns ein Vergnügen«, sagte ich. »Meine Kollegin haben Sie ja heute morgen schon kennengelernt.«

Petra schmachtete ihn hingerissen an.

»Das da drüben ist Paschas Käfig.« Er zeigte mit der Hand auf einen Käfig gegenüber der Futterküche. »War Paschas Käfig«, verbesserte er sich. »Lange ist er da ja nicht dringewesen.«

»Ich habe gehört, Pascha wurde aus der Tschechei hierher transportiert«, begann ich meine Befragung. »Könnte der Transport ihm geschadet haben?«

Er schüttelte den Kopf. »Die Tiere sind in speziellen Transportern unterwegs. Da ist für alles gesorgt. Er hat sich ja auch sofort wieder erholt.«

»Vielleicht war Pascha krank«, überlegte ich laut. »Und die Kollegen in Tschechien haben das nicht erwähnt, um den Verkauf nicht zu gefährden.«

Er schüttelte den Kopf. »Wir haben ihn nicht gekauft. Er war da nur eingestellt.«

»Eingestellt?« fragte ich verständnislos.

»Er stammt aus unserem Zoo. Ist hier aufgewachsen. Aber wir hatten ja schon einen Löwen für die Zucht. Kurti. Und da haben wir Pascha an die Kollegen in Tschechien abgegeben. Leihweise sozusagen. Wenn wir ihn wieder brauchen, bekommen wir ihn zurück. So war das vereinbart.«

»Wenn Pascha nicht fit gewesen wäre, hätten die Tschechen ihn behalten können. Weil Sie hier nur einen gesunden Löwen brauchen können«, vermutete ich. »Für die Zucht.«

Er nickte. »Genau so. Als Kurti letzten November gestorben ist, haben wir Pascha zurückgeordert. Ihm ging es gut. Sonst hätten die Kollegen ihn uns nicht geschickt. Er war topfit.«

»Wie lange ist Pascha hier im Zoo gewesen?« fragte ich.

Petra schrieb eifrig mit.

»Zehn Tage«, berichtete er.

»Und es ging ihm gut«, vergewisserte ich mich noch einmal.

»So gut, daß er eine Katze gedeckt hat.«

Er lächelte Petra an. Bildete ich mir das ein. Oder wurde sie wirklich rot?

»In hundert Tagen wissen wir, ob es geklappt hat.«

»Stimmt es, daß Löwinnen die Pille kriegen?« fragte Petra. »Das hab ich in der Zeitung gelesen. Da stand, daß es drei Löwinnen hier gibt. Und daß zwei die Pille kriegen, damit nur eine wirft.«

Ich staunte. Petra hatte sich richtig gut informiert.

»Na ja, Pille«, schränkte er ein. »Eigentlich sind es Depots, die gespritzt werden. Mit einem Blasrohr. Direkt an die Tiere kommt man ja nicht ran.«

»Dann könnte auch jemand mit einem Blasrohr kommen und einem Löwen etwas spritzen«, überlegte ich ins Blaue hinein. »Gift zum Beispiel. Oder irgend etwas Schädliches, daß zu einem Versagen der Nieren führt.«

»Theoretisch möglich«, gab er zu. »Aber nicht hier drinnen. Da haben wir die Trennscheiben vor den Käfigen. Nur draußen im Freigehege ginge das.«

»Wer hat Zugang zu den Löwen?« fragte ich.

»Wir sind vier Kollegen, die sich um die Tiere kümmern.«

»Sonst kommt niemand an sie ran?«

Er zögerte: »Eigentlich nicht.«

Ich sah auf die Haken mit den toten Vögeln.

»Das Futter ließe sich manipulieren«, sagte ich.

Er nickte. »Daran habe ich auch schon gedacht. Aber Gift hat der Arzt nicht gefunden.«

»Zeigen Sie mir die Löwinnen«, bat ich ihn.

Er lief vor uns zum Freigehege hinaus. Es sah genauso aus wie das von den Leoparden. Genauso trist. Eine kahle Sandfläche mit Baumstämmen und Baumgerüsten. Vielleicht ein klein wenig größer.

»Der Wassergraben ist acht Meter breit«, erklärte er. »Da kommen sie nicht drüber.«

Ich starrte in das Gehege. Zwei Löwinnen lagen im Sand, die Beine weit von sich gestreckt. Wie große Katzen, die es sich gutgehen ließen.

»Die zwei da drüben sind zusammen aufgewachsen«, erklärte er. »Die verstehen sich gut.«

»Wo ist die dritte Katze?« fragte ich.

»Dahinten.« Er zeigte mit dem Finger auf einen schattigen Fleck. »Sie bleibt immer in der Nähe der Käfige.«

Ich sah ein Tier, das mit erhobenem Kopf aufrecht dasaß.

»Die hat unserem Pascha auf Anhieb gefallen.«

Petra hing an seinen Lippen. Er lächelte sie an.

Ich sah einen Mann in blauer Arbeitskleidung in das Raubtierhaus laufen.

»Das ist ein Kollege«, erklärte er.

»Den werd ich mir mal schnappen«, sagte ich. »Sie können ja inzwischen mit meiner Kollegin weiterreden.«

*

Der Kollege saß in einem gekachelten Pausenraum. Er rollte ein paar Würstchen aus dem Einwickelpapier und schraubte ein Glas Senf auf. An der bauchigen Form des Bechers erkannte ich die Marke. *Löwensenf. Extrascharf.*

»Guten Hunger«, wünschte ich.

Der Mann in der blauen Arbeitskluft musterte mich. Dann riß er das Würstchenpaar auseinander und tunkte eine Wurst in das Senfglas ein. Ich sah, daß in seinem rechten Ohrläppchen ein silbernes Känguruh steckte.

»Ich hätte ein paar Fragen an Sie«, erklärte ich. »Polizei.« Ich schob meinen Dienstausweis über den Tisch.

Er warf einen Blick darauf und biß in die Wurst, die dick mit gelbem Senf behangen war. Ich zog schnell den Ausweis zurück.

»Es geht um Pascha und Kurti«, sagte ich. »Ob die eines natürlichen Todes gestorben sind. Ihr Kollege hat da so seine Zweifel.«

»Der nun wieder«, schimpfte er, stieß die Wurst in das Senfglas und biß ab.

»Mögen Sie Ihren Kollegen nicht?« fragte ich.

»Ein Schwätzer ist das.«

»Er redet Ihnen zuviel«, vermutete ich.

»Schwätzen und schwätzen. Mehr kann der nicht.«

»Manche reden gern«, sagte ich. »Andere nicht.«

»Der schwätzt sie alle zu«, ärgerte er sich.

»Was schwätzt er denn so?« fragte ich.

»Dummes Zeug, nichts als dummes Zeug.« Er biß in ein trockenes Brötchen und kaute wütend.

»Was für ein Zeug denn?«

Seine Backenknochen kauten. In seinem Kopf arbeitete es.

»Jeden von der Zeitung fragt der: ›Wollen Sie mal einen Löwen streicheln?‹ So 'n Mist. Und dann sagt er: ›Ich bin der einzige Löwe hier, den man streicheln kann.‹ Schwachsinn ist das.«

Ich nickte pflichtschuldigst.

»Weil er im August Geburtstag hat.« Er schüttelte den Kopf. »Ein Schwätzer ist das. Redet nur, damit er wichtig ist.« Er streckte mir vertraulich den Kopf entgegen. »Und so einen hat der Chef zum Oberpfleger gemacht.«

Ich sah fasziniert auf das Känguruh in seinem Ohr. Erst jetzt bemerkte ich, daß ein Junges in seiner Beuteltasche saß.

*

Eine halbe Stunde später machte ich mich auf den Weg ins Café. Weber saß unter einem Sonnenschirm vor einem großen Bier. Der Schaum hing in seinem Seehundbart, und er sah zufrieden wie eine Katze aus, die Sahne geschleckt hatte.

»Alles paletti?« fragte ich. »Du weißt, wer's war?«

»Nö, wieso?«

»Weil du so zufrieden aussiehst.«

»Ist doch toll hier«, strahlte er mich an. »Besser als im Büro.«

Er guckte zufrieden einer Mama im kurzen Röckchen nach, die den Kinderwagen in Richtung Flamingos schob.

»Hast du was rausgekriegt bei dem Herrn Direktor?«

»Unmengen«, prahlte er. »Weißt du, was der Alptraum eines Zoodirektors ist?«

»Einen Moment noch.« Ich winkte die Kellnerin herbei und bestellte einen Eiskaffee.

»Also«, fragte ich brav. »Was ist der Alptraum eines Zoodirektors?«

»Daß ein Besoffener sich nachts ins Raubtiergehege verirrt«, platzte er raus. »Lustig, was?« Er nahm zufrieden einen Schluck.

»Ist schon mal vorgekommen, in Köln. Da liegt der Zoo in der Nähe von 'ner befahrenen Straße. Und weißt du, was noch?« Die Kellnerin brachte meinen Eiskaffee, und ich schüttelte den Kopf.

»Selbstmörder!«

»Selbstmörder?« echote ich ratlos.

»In Nürnberg gab es mal so einen Fall. Einen Indologiestudenten. Also das ist einer, der Indisch und so'n Quatsch studiert. Die glauben an Wiedergeburt.«

»Was hat das mit Selbstmord zu tun?« fragte ich.

»Der will wiedergeboren werden. Und denkt, wenn er von einem Löwen gefressen wird, kommt er als Löwe zurück.«

»Gar nicht so schlecht«, sagte ich. »Ein Leben als Löwe. Nicht gerade im Zoo, vielleicht.«

»Auf jeden Fall hat der Typ sich zu Hause hingesetzt und einen Abschiedsbrief geschrieben, und dann hat er vor dem Löwengehege seine Sachen fein säuberlich auf einen Haufen gelegt und ist übers Gitter gestiegen.«

»Erfolgreich?« fragte ich.

»Da kannst du drauf wetten. Aus so 'nem Gehege kommt keiner lebend raus.«

»Hast du auch noch was Nützliches rausgekriegt?« fragte ich.

»Ich bin mit ihm die Personalakten durchgegangen. Ob seit November, wo der erste Löwe abgedreht ist, oder kurz darauf irgendwelche neuen Leute eingestellt worden sind.«

»Sauber«, lobte ich. »Und?«

Er schüttelte den Kopf. »Nichts.«

»Das einzige, was sich geändert hat seit Anfang November, ist, daß es noch einen zweiten Futterlieferanten gibt.«

»Ach«, entfuhr es mir.

»Das hat alles was mit diesem Schönling zu tun, der Oberpfleger im Raubtiergehege ist.«

»Tommy Wiesner ist kein Schönling«, protestierte ich.

»Laß das nicht Petra hören. Das ist ein netter, gutaussehender Typ. Und sie hängt jetzt gerade an seinen Lippen und zählt die Sommersprossen.«

»Der Direktor hält große Stücke auf ihn. Soll unheimlich was drauf haben mit Tieren.«

»Siehst du«, sagte ich. Daß der Kollege mit dem Känguruh im Ohr kein Fan von Tommy war, behielt ich für mich.

»Auf jeden Fall kämpft der seit November letzten Jahres dafür, daß freilaufende Hühner verfüttert werden und nicht so abgehalfterte Hormonbomber aus Legebatterien.«

Ich erinnerte mich an die Hühner, die an den Haken in der Tierküche gehangen hatten. Ein paar mit dichtem Federkleid, andere halbnackt und völlig abgezappelt.

»Das ist interessant«, gab ich zu.

»Guck mal, wer da kommt.«

Die Zierde unserer Abteilung kam fröhlich winkend auf uns zu. Sie ließ sich in einen Stuhl an unserem Tisch fallen.

»Bier, Eiskaffee. Ihr laßt's euch ja gutgehen.«

»Kannst du alles haben«, sagte ich. »Steht auf der Karte.«

Ich winkte die Kellnerin herbei.

»Haben Sie einen Piccolo?« fragte Petra. »Ich hab was zu feiern.«

Weber und ich tauschten einen Blick.

»Darf man fragen, was?« erkundigte ich mich.

»Er hat sich mit mir verabredet. Das ist 'n Ding, was?« Sie strahlte.

»Gratuliere«, sagte ich.

»Du kennst den doch gar nicht.« Weber, der Realist.

»Er ist der Richtige«, strahlte sie. »Das spür ich einfach.«

»Und was ist mit Fredy?« wollte ich wissen.

»Fredy, wer ist das?« grinste sie.

Die Kellnerin brachte den Piccolo, schraubte den Verschluß ab und goß ein. Petra hob das Glas.

»Tommy ist mein Traummann. Bei ihm ist es so, wie es vorher noch nie war.«

Weber blickte verträumt in das Gold seines Bierglases. Ich dachte an mein erstes Treffen mit Beckmann zurück. Sah ihn vor mir. Im Foyer des Kinos mit einer Riesentüte Popcorn.

»Ja, dann.« Ich hob das Glas meines Eiskaffees und stieß es gegen Petras Sektglas. »Hals- und Beinbruch.«

»Ich hab nichts Schlechtes über ihn gehört«, gab Weber zu.

»Schlechtes?« Petra sah ihn verständnislos an. »Der ist so süß und lieb, daß selbst die Löwinnen ganz verliebt in ihn sind.«

»Verliebt?« krächzten Weber und ich gleichzeitig.

»Ich kenn mich ja nun mit Katzen aus«, sagte Petra. »Im Gegensatz zu euch.«

Weber und ich zogen die Köpfe ein.

»Wißt ihr, ich war mit ihm am Freigehege. Und nach einer Weile sind alle drei Katzen gekommen und haben mit ihm geflirtet. Das war einfach verrückt. Und er hat mir gestanden, daß das Schlimmste an seinem Job ist, daß er sie nicht streicheln kann. Er liebt sie, und die lieben ihn.«

»Tiere haben einen guten Instinkt«, schleimte ich.

»Er setzt sich auch wahnsinnig ein. Er findet es furchtbar, daß die Tiere so schlechtes Futter kriegen.«

»Ausrangierte Hühner aus Legebatterien«, sagte ich.

»Woher wißt ihr das denn?« wollte sie wissen.

»Ich hab gesehen, was da so an den Fleischhaken hängt«, sagte ich. »Wird einem ganz anders, wenn man sieht, was das für Viecher sind, die aus den Legebatterien kommen.«

»Das sagt er auch«, erzählte Petra. »Jahrelang hat er dafür gekämpft, daß das Futter ordentlich wird. Aber die kaufen immer noch von den Legebatterien. Weil's billiger ist.«

»Seit November verfüttert er auch gutes Futter. Er und die anderen Tierpfleger«, fügte ich hinzu.

»Das hat er mir erzählt. Wie er durchgesetzt hat, daß das Weibchen, das trächtig ist, ordentliches Futter kriegt.«

»Das trächtige Weibchen«, wiederholte ich nachdenklich. »Und nicht Kurti oder Pascha.«

»Um fünf Uhr ist Fütterung«, sagte Petra. »Sollen wir uns das nicht mal angucken?«

*

Um Viertel vor fünf kamen wir am Raubtiergehege an. Die Löwenkatzen lagen nicht mehr faul herum, sondern tigerten vor den Eisentüren entlang. Punkt fünf Uhr hoben sich die Türen und gaben den Zugang zu ihrem Käfig im Raubtierhaus frei. Wo das Futter auf sie wartete.

Wir standen zu dritt vor dem Freigehege und beobachteten die großen Katzen, die an der Wand des Raubtierhauses entlangstrichen; jede auf der Höhe ihrer Stahltür zum Käfig.

Für mich war kein Unterschied zwischen den Katzen erkennbar, aber der Pfleger mit dem Känguruh im Ohr hatte mir verraten, wie unterschiedlich sie waren. Auch im Verteilen ihrer Zuneigung. Eine Katze mochte ihn nicht, hatte er mir erzählt, einer Katze war er egal, und eine Katze liebte ihn innig. Tom Wiesner liebten sie alle. Schnurrten diese großen Raubkatzen eigentlich?

»Kommt rein«, forderte uns Petra auf. »Es geht gleich los.«

Im Raubtierhaus hatten sich schon etliche Besucher versammelt und warteten auf die Fütterung. Zwei kleine Jungs drückten sich an der Scheibe eines Käfigs die Nasen platt. Die meisten Besucher, junge und alte, Väter, Mütter und Omas, hatten brav auf den Bänken in der Mitte Platz genommen.

Die leeren Käfige, in deren Mitte ein verendetes Federvieh auf den Bodenfliesen lag, boten einen gespenstischen Anblick.

Plötzlich gingen die Stahltüren hoch, und ein Tier nach dem anderen lief in seinen Käfig.

Im Käfig links von mir saß eine Löwenkatze, das Huhn zwischen den Pfoten. Federn flogen, und ich sah die langen Zähne, die sich in das Huhn bohrten. Die dicken Glaswände ersparten mir, das Knacken der Knochen zu hören.

Jede Katze wählte einen anderen Platz, um in Ruhe zu fressen. Eine saß auf dem Liegeplatz an der Wand hoch oben. Als wollte sie uns ihre Verachtung zeigen.

Ich sah auf den leeren Käfig gegenüber der Futterküche. Dort hatte Pascha sein Fressen eingenommen. Wie hatte er sich gefühlt, als Führer seines Rudels? In der Natur jagten die Männchen zusammen mit den Weibchen, hatte ich auf der Informationstafel gelesen. Aber nur die Männchen verteilten die Beute. An die Frauen des Rudels. Und an die Jungen.

Pascha hatte von seinem Käfig aus freien Blick auf die Futterküche gehabt. Er sah, was da an den Haken hing. Ausgemergelte Hühner aus Legebatterien, die in seinem Käfig landen würden, und freilaufende Hühner mit vollem Gefieder, die nicht für ihn bestimmt waren.

*

Heinze verließ zur Feier des Tages seinen Thron hinter dem Schreibtisch. Petra hatte auf seine Anweisung den Tisch an der Wand für vier Personen gedeckt. Für Herrn Doktor Rosenkranz, den Direktor des Zoos, Weber, mich und Heinze natürlich.

Eine große Geste, sich mit dem gemeinen Volk auf eine Ebene zu begeben. Die Freude darüber, daß seine Mitarbeiter ihn nicht enttäuscht hatten, leuchtete Heinze aus jeder Pore.

Neben unseren Kaffeetassen lagen Publikationen des Zoos. Auf dem Titelblatt waren zwei Giraffen abgelichtet.

Petra schüttete die Kaffeetassen voll und verließ das Zimmer. Unser Chef eröffnete die Veranstaltung.

»Lieber Kurt«, begann er salbungsvoll. »Du hast mich in einer delikaten Angelegenheit um Hilfe gebeten.«

Doktor Kurt Rosenkranz, der Leiter des Zoos, setzte seine Brille auf und blickte ihn neugierig an.

»Und ich habe meine fähigsten Mitarbeiter auf deinen Fall angesetzt.«

Jetzt blinzelte Doktor Rosenkranz Weber und mich freundlich aus seinen dicken Brillengläsern an.

»Frau Kommissarin Stein, Sie haben das Wort«, forderte er mich auf zum Rapport.

»Das war für uns ein reizvoller und ungewöhnlicher Fall«, begann ich. »Zwei tote Löwen. An Nierenversagen verendet. So steht es im Obduktionsbericht. Wir sollten klären, ob Fremdeinwirkung vorliegt. Ob jemand die beiden Löwen ermordet hat. Eine Frage von extremer Wichtigkeit für Ihre Einrichtung.«

Herr Doktor Rosenkranz nickte sein Einverständnis.

»Ich glaube«, sagte ich fest und machte eine Pause, um die Spannung zu steigern, »daß anhand unserer Ermittlungen mit an Sicherheit grenzender Wahrscheinlichkeit ausgeschlossen werden kann, daß Kurti und Pascha durch Fremdeinwirkung ums Leben kamen.«

»Kein Mord?« fragte Doktor Rosenkranz hoffnungsvoll.

»Kein Mord«, bestätigte ich. »Mit an Sicherheit grenzender Wahrscheinlichkeit«, wiederholte ich. »Wir haben uns bemüht, herauszufinden, welche Umstände zum plötzlichen Tod von Kurti und Pascha geführt haben. Sie sind Zoologe, Doktor Rosenkranz. Nur Sie können beurteilen, ob das, was ich und meine Kollegen, Herr Weber und Frau Klar, herausgefunden haben, möglich ist. Ob das, was wir gefolgert haben, sich aus der Sicht des Zoologen halten läßt.«

»Ich bin außerordentlich gespannt«, versicherte Doktor Rosenkranz und rührte in seinem Kaffee.

»Wir hatten zwei Eckdaten an harten Fakten«, referierte ich. »Den Tod Kurtis im November letzten Jahres. Und den Tod Paschas in diesem Juni. Zwei tote Löwen, ohne daß ersichtlich gewesen wäre, woran sie starben. Zwei Löwen, die sich bis kurz vor ihrem Tod bester Gesundheit erfreuten. Ja, sogar noch ihren Pflichten als Zuchtlöwen nachkamen. Nichts, was Zweifel an ihrer Vitalität aufkommen ließ. Und doch lagen sie eines Tages tot in ihrem Käfig.«

»Völlig unerklärlich«, murmelte Doktor Rosenkranz.

»Ihr Pfleger, Tommy Wiesner, fand die Sache so rätselhaft und gefährlich, daß er vermutete, ein unbekannter Täter habe die Tiere ermordet.«

Heinze blickte verblüfft. Doktor Rosenkranz polierte seine Brillengläser.

»Als erfolgversprechendste Fährte der Ermittlungen erschien uns eine Überprüfung, ob es in letzter Zeit irgendwelche Veränderungen in Bezug auf die Berberlöwen gegeben hat. Wir haben nach allem gesucht, was sich seit November letzten Jahres geändert hat. Als erstes haben wir uns vergewissert, ob es Neueinstellungen im Pflegebereich gab. Ein Pfleger hätte leicht das Futter manipulieren oder sonst todbringende Veränderungen im Leben der Löwenmännchen bewirken können.«

Doktor Rosenkranz hörte interessiert zu.

»Selbst die weiblichen Löwinnen hatte ich unter Verdacht. Wäre es nicht möglich, habe ich mich gefragt, daß sich unter den Bedingungen des Lebens in der Gefangenschaft die Verhaltensmuster der Löwen ändern, daß Löwinnen sich nicht mehr bedingungslos einem Löwen unterordnen, sondern sich ihm widersetzen, und dies auf eine Art, die den Löwen so streßt, daß seine Nieren nicht mehr ordentlich arbeiten.«

»Eine interessante Hypothese«, befand Doktor Rosenkranz und polierte erneut an seiner Brille.

»Ja, ich habe sogar überlegt«, gestand ich, »ob die Löwinnen nicht vielleicht der gleichgeschlechtlichen Liebe frönen in der Gefangenschaft und ob nicht ein Löwe, der Zeuge von derlei sexuellen Betätigungen ist, derart erschüttert wird in den Grundfesten seiner Männlichkeit, seiner Löwigkeit, daß es zu einem Nierenversagen führt.«

»Durchaus denkbar«, nickte Herr Doktor Rosenkranz eifrig. »Durchaus.«

»Dann ist mir eine Sache zu Ohren gekommen, die solche Theorien erst einmal an den Rand gedrängt und mich in eine ganz andere Richtung geführt hat.«

Doktor Rosenkranz hielt die Brille und ein Tuch in den Händen. Er hing so gebannt an meinen Lippen, daß er das Polieren vergaß.

»Mein Kollege stieß bei der Überprüfung dessen, was

sich seit November letzten Jahres in bezug auf Raubtierpflege oder -haltung im Zoo geändert hat, auf einen interessanten Fakt.«

Direktor Rosenkranz hob den Kopf und lauschte.

»Ab November letzten Jahres haben Sie erstmalig freilaufende Hühner verfüttert.«

Rosenkranz nickte mehrmals mit dem Kopf zur Bekräftigung meiner Aussage.

»Diese Hühner hat Ihr Oberpfleger, Tommy Wiesner, ausschließlich an die Löwinnen verfüttert. Und sobald feststand, welches Weibchen das nächste Löwenjunge austragen würde, nur an sie.«

»Völlig korrekt«, murmelte Rosenkranz, »eine richtige Vorgehensweise.«

»Ich bin geneigt, Ihnen zuzustimmen«, sagte ich. »Aber fragen Sie sich bitte einmal, wie das Ganze aus der Sicht eines männlichen Löwen aussieht. Der Käfig von Pascha und Kurti liegt direkt gegenüber der Futterküche. Dort hängen die zum Verfüttern bestimmten Hühner an den Haken. Meine Vermutung ist, daß ein Löwe gemäß seinem genetischen Programm auch in der Gefangenschaft darauf fixiert ist, die Beute selbst zu verteilen. Und ich bin sicher, daß es für ihn extremen Streß bedeutet, wenn er keine Kontrolle über das Futter hat. Er muß täglich mitansehen, wie ein anderes Männchen, ein Zweibeiner, der Tierpfleger, über das Futter verfügt. Dieser Streß schwächt den Löwen, aber er kann ihn gerade noch verkraften. Bis ein zusätzlicher Streßfaktor ins Spiel kommt. Plötzlich gibt es zwei Sorten Futter. Neben den Hühnern aus den Legebatterien, die er kennt, tauchen auf einmal prachtvolle Hühnchen aus der freien Tierhaltung auf. Denken Sie an den Löwen, der diese Leckerbissen täglich von seinem Käfig aus sieht und erlebt, daß sie für ihn nicht erreichbar sind, daß er sich mit minderwertigem Futter begnügen muß. So etwas muß einem Löwen schwer zusetzen. Und was sind Nierenbeschwerden anderes als Reaktionen auf nicht mehr zu bewältigende Streßfaktoren.«

Ich seufzte. »So könnte es gewesen sein. Diese neue Demütigung, die Ohnmacht angesichts des leckeren Futters, das sie täglich sahen, haben Kurti und Pascha nicht verkraftet.«

Doktor Rosenkranz nickte eifrig. »Sehr einleuchtend, Ihre These. So könnte es durchaus gewesen sein. Was sage ich: So muß es, so wird es gewesen sein.«

»Ich habe dir gleich gesagt, Kurt, wenn ich meine Leute auf den Fall ansetze, knacken wir ihn«, röhrte Heinze stolz.

»Wie kann ich Ihnen nur danken?« fragte der Herr Zoodirektor. »Wie? Haben Sie einen Wunsch. Nur heraus damit.«

Weber blinzelte mich neugierig an. Ich überlegte nicht lange.

»Die Kollegin, die mit uns an diesem Fall gearbeitet hat, ist völlig verliebt in Ihre Raubkatzen«, lächelte ich. »Wenn sie eine Dauerkarte für den Zoo bekommen könnte, damit würden Sie ihr bestimmt eine Riesenfreude machen.«

Jürgen Alberts

J. B. Cool und das verschwundene Image

Es war einer von diesen februarlichen Montagen, die ich lieber am Ende einer Woche sah als an deren Anfang. Überall Gehirngerümpel, echte Reste, verläpperte Auftragszettel, keine Zahlungen aufs Konto. Dazu das schiere, blödsinnige Grauen, besonders draußen. Und dabei kein Gran Afghan und auch kein Brösel Libanösel. Kurzum: ich war auf Entzug. Selbst der laue Kaffee, den Theo mir gebraut hatte, koffeinfrei. So jedenfalls hatte das mein Doc verordnet. Schon die nächste Dosis Droge, hatte er geraunt, könne tödlich sein. Wer will das schon?

Entzug, soll Thomas Bernhard kurz vor seinem Ableben formuliert haben, führe zu Gehirnfäule und Fehlglauben. Oder hatte das ein anderer aphorismiert? Ich hätte es besser wissen können. Wenn ich nur bekifft gewesen wäre.

Der Mann, der an meine Tür klopfte, ohne daß sie aus der Zarge krachte, war etwas unter Gardemaß, knapp neben einsfuffzich, schielte in mindestens drei Richtungen, trug einen Anzug aus rosa Polyäthylen und dazu blaue Wildlederschuhe, *don't step on my blue suede shoes ...* Leider fiel mir diese Zeile erst wieder ein, als er mich schon in die Falle gelockt hatte.

»Sie sind J. B. Cool?«

»Der nämliche.«

»Momentan verfügbar?«

»In jeder Hinsicht.«

Wenn ich nur gewußt hätte, wohin der Gnom immer schielte. Als stünde der Herrgott leibhaftig hinter mir. Oder der Leibhaftige, seine bessere Hälfte. *May I introduce myself ...*

»Ein Auftrag gefällig?«

»Bei gefälliger Bezahlung immer.«

»Auch größere Sachen?«

»Ich hole Ihnen den Mond aus seiner Umlaufbahn, wenn's denn sein muß.«

»Ach«, plötzlich blieb der rosa Zwerg in der Konversation stecken wie ein ICE am Brückenpfeiler.

»Besitzen Sie da persönliche Erfahrungen?«

»Worin?«

»Darin!«

»Worin?«

Dann fixierte er mich, heftiger als Hansaplast.

»Sie sind Löwe. Stimmt's?«

Ich nickte.

»Aszendent Stier?«

Ich nickte wieder. »Um ehrlich zu sein, lieber wäre es mir umgekehrt. Aber man kann es sich nicht aussuchen, oder?«

Das folgende Versteckspiel um seine Person dauerte eine geschlagene Viertelstunde und soll hier nicht in ganzer Länge wiedergegeben werden.

Der Kurzwüchsige war der Senats-Astrologe.

Und ich dachte immer, die hansestädtischen Senatorinnen und Senatoren würfelten ihre Entscheidungen aus. Von diesem Mann hing die Stadt also wirklich und letztlich ab. Wie sich allerdings erst viel später herausstellen sollte ...

Warum hatte ich ihn nicht früher kennengelernt? Hielt sich wohl gut versteckt. (Obwohl man seit Ronalds und Nancys Tagen so etwas auch bei uns hätte vermuten müssen.)

Nun wußte ich endlich, warum die Senatsrunden oft entschlußlos waren, besonders mittwochs nachmittags, wenn das Theater keine Oper für Hunde im Repertoire hatte. Miese Konstellationen. Blöd, nich?

»Am häufigsten konsultiert mich die Gesundheitssenatorin, die macht keinen Schritt aus ihrer Behörde, ohne sich bei mir abzusichern. Aber auch die Kultursenatorin befragt die Sterne, wann sie das Tanztheater schließen lassen sollte. Und der Innensenator läßt sich von mir viermal die Woche das Horoskop für die Abschiebeaktionen erstellen. Da kommt es ja immer auf eine glückliche Stunde an, damit es ohne Krawalle abgeht. Natürlich will der Bürgermeister wissen, wann es am günstigsten ist, der lieben und braven Bremer Bevölkerung mitzuteilen, daß die Kassen komplett leer sind.«

»Und meine Bezahlung?« wollte ich sogleich wissen. Ich bin keineswegs so geldgierig, wie ich aussehe, aber die rotglühenden Konten müssen wieder gefüllt werden. Sonst raucht demnächst auch keine Wasserpfeife mehr. Wenn die mein Doc irgendwann wieder erlaubt.

»Bezahlung ist garantiert. Die Summe ist hoch.«

»Ach.« Nun stand mein ICE neben seinem.

»Doch, doch, da sind sich alle einig. J. B. Cool soll auf

die Fährte gesetzt werden, eindeutiges Votum in der Senatsrunde.«

»Ich?«

»Sie!«

»Und warum?«

»Weil Sie Löwe sind! Darum.«

Ich verstand nur Barum. Sollte ich durch den Reifen springen? Ihnen den Tiger machen. Durch den brennenden Reifen in der Manege jumpen. Und wer entfachte ihn?

Immerhin hatte ich endlich die Erklärung, warum ich stets Aufträge bekam, die andere *private eyes* zur Zufriedenheit aller gelöst hätten. Wer kann schon sagen, daß es ihm mißlungen ist, auch nur *einen* Fall anständig zu Ende zu bringen. Selbst die Sache mit Jesus Christus hatte ich verbaselt, damals in Rom. Abgeschoben, Holzklasse für Anarchisten und andere. Von Dracula, den Spezialdemokraten und Werder ganz zu schweigen.

Auf die Fußballer kam der Gnom auch gleich zu sprechen.

»Mal wieder steht Werder im abseitigen Mittelfeld. Niemand spricht mehr über die Mannschaft. Das turnt ab. Werder, Werder, geht nach Hause, Millionäre. Zur Hundertjahrfeier des Vereins lassen sie einen 66jährigen einfliegen. Aber bitte mit Kohle. Das Strohfeuer am Feier-Abend hat mehr als eine Million gekostet. Zwei Tage später – alles wusch und wech.«

Der Mann wollte mich für irgendwas ganz besonders Mieses einspannen. Aber für was denn bloß?

»Dann das Musical, tausend Lichtjahre zu spät. Wochenlang Gebimmele, die ganze Stadt in Jekyll&Hyde-Farben, schwarz und rot, man könnte denken, die Sandinisten seien an die Macht gekommen. Dann endlich die Premiere. Festlich, festlich. Und ... niemand von den TV-Nasen kommt. Alle Promis sagen ab. Wer will denn schon in die Hansestadt! Ins Boot der Verlierer! Vor den Karren des Hundeschlachters! Unter den Stein des Sisyphos!«

Da war jemand sehr, sehr betrübt und sagte das auch. Aber warum ausgerechnet mir?

Erster Lehrsatz in unserem Beruf, man muß Kunden Zeit lassen. Manche brauchen ihr ganzes Leben dafür, um herauszufinden, welcher Stein später auf ihrem Sepulcrum stehen soll.

Nach einer weiteren Viertelstunde hatte ich einen Plan, wie ich dem rosa Astrologen entlocken konnte, was er wirklich auf dem schweren Herzen hatte.

Er scheiterte.

Der Plan.

»Ich kann brüllen. Aber nur nach Mitternacht«, versuchte ich eine weitere Wende, damit die Sache vorankam.

Nichts.

Als sei er bloß gekommen, mir die Taschen vollzuheulen und dann die Fliege zu machen.

Nun kann ich vollgeheulte Taschen nicht ausstehen.

»Herr Astrolog', Sie sagen jetzt sofort, was Sache ist.«

»Das Image ist weg.«

Na also, es geht doch.

»Was ist weg?«

»Das Image.«

»Und wo ist es hin?«

»Das sollen Sie herausfinden. Die Senatsrunde ist ratlos. Und zwar hundertprozentig total.«

»Das Image war doch gestern noch da!« versuchte ich ein bescheidenes Gekicher, »ich mein, ich hätt's auf dem Marktplatz jubilieren hören, gleich hinterm Roland, oder mit den Schweinen heulen, begleitet von den Stadtmusikanten, ein schrilles Ständchen auf die guten, alten, hanseatischen Freiheiten.«

»Aber nun isses wech.«

Missingsch mal wieder, das bringt mich immer zum Einlenken. Ich nahm den Auftrag an. Obwohl mich dabei ein heftiges Déjà-vu überfiel.

Wir einigten uns ganz schnell auf Tagessatz und Spesen. Immer, wenn ich eine Forderung stellte, verdoppelte der Gnom die Summe. Schienen es wirklich eilig zu haben, die Damen und Herren vom Senat. Kein Image, kein Kies – so einfach ist dies.

Dann verließ mich der rosa Gnom. Ich blickte lange auf die blauen Wildlederschuhe und war ziemlich ratlos.

Ratlosigkeit ist der Zustand, wenn die Königinpastete sich die Krone vom Kopf reißt und laut, aber vernehmlich rülpst. Hanswerner Ratlos hieß mal ein Maler. Oder war es kein Maler?

Theo Zenker, mein oberster Assistent, hatte wie immer alles in seiner Kochkombüse mitgehört.

»Das mit dem Image hab ich nicht ganz verstanden«, sagte er, »die Hansestadt hatte doch immer ganz gute Werte auf der nach unten offenen Jokusskala.«

Ich mußte meinem Faktotum alles noch mal der Reihe nach erklären und beendete meine Ausführungen mit dem Hinweis, er solle sich stante pede auf die Suche machen. Die drei Mark Wegzehrung hielt ich abgezählt in der linken Faust.

»Immer ich«, kam seine Standardmotze.

Aber dann fiel mir ein, daß die an dieser Stelle der Geschichte fällige Wasserpfeife ausfiel. Gestrichen. Verhindert. Verboten. Nix Drogen, kein Rausch. Aus und vorbei, wenigstens in diesem Fall. Nicht mal eine Linie, kein Mex-Pilz von der Größe des Popocatepetl.

»Laß gut sein, Theo. Du bewachst das Telefon, ich mach mich auf die Socken schon ...« Beim Abgang durchs stockfleckige Treppenhaus trällerte ich den gleichnamigen Song. »... und was noch nicht gestorben ist.«

Mein erster Weg führte mich zur Olbers-Sternwarte.

Da saßen die superklugen Gegenspieler des rosa Astro-Gnoms. Zweiter Lehrsatz für angehende Detektive: Finde die Hintergründe und Abgründe deines Auftraggebers heraus, und du kommst deiner Lösung zwei bis drei Schritt näher.

Natürlich war er dort bekannt.

»Ach, der Mickrige.« Anders nannten sie ihn nicht, obwohl sie neidisch auf seinen Einfluß und seine Entlohnung waren.

»Der Mickrige macht saublöde Vorhersagen.«

»Der Mickrige steht unter der Kuratel seiner Tante.«

»Der Mickrige ist größenwahnsinnig.«

Sofort verfielen sie in Spekulationen über den Mann,

von dessen seidenem Zwirn die Hansestadt abhängen sollte.

Von meinem Auftrag sagte ich nichts.

Da wäre ich mir blöd vorgekommen.

Immerhin bekam ich die schöne Geschichte erzählt, daß unser Johannes Kepler in den letzten Jahren vor seinem Ableben sein Brot bei Wallenstein mit astrologischen Vorhersagen verdienen mußte. Walle-Walle-Wallenstein wollte wissen, wann was wie warum und wo geschehen würde. Ob er an Gicht sterbe? Oder Podagra? Wann der nächste Raubzug zu unternehmen sei? Ob er erfolgreich sein werde? Und ob er Chancen bei einer gewissen Irmintraut habe? Dem Kepler wurde alles das immer suspekter, er stöhnte bei jedem Begehr des zauderhaften Feldherrn, aber er mußte das Lied seines Meisters singen, in des' Brot er biß. Zum Abschied gaben die Sternegucker mir einen Roman und sagten, da stehe alles Wissenswerte zur Frage drin.

»Über den rosafarbenen Mickrigen?«

»Nein, über Keplers Traum.«

Ich hatte mir nicht mal Zeit genommen, die Mondschau anzusehen, die im Olbers-Planetarium, dem kleinsten auf Gottes Erdboden, wunderbar sein soll.

Wie löst man einen Fall, wenn man nicht bekifft ist? Kann mir das jemand verraten? Mir fehlten meine rauschigen Hilfsmittel so sehr, daß ich die Flucht nach hinten antrat.

Wieder im Büro, überlegte ich mit Theo Zenker, den zeitweilig beschäftigten Telefonisten, der aber den Fall immer noch nicht begriffen hatte.

»Image ist doch keine Frage des Da-Seins«, philosophierte er im Stile Wittgensteins. »Image kann man doch nicht sehen, greifen, naßmachen.«

»Ach, Theo«, versuchte ich ihn vom Überbau auf den Boden der Praxis zu locken, »gerade, was wir nicht sehen, bestimmt unser Sein.«

»Du meinst Übersinnliches, J. B.«, er stutzte. »Das wär ja was ganz und gar Neues bei dir.«

»Wenn die Hansestadt kein Image mehr hat, dann gibt es sie bald gar nicht mehr. Stell dir einfach einen weißen Fleck auf der Landkarte vor. Und in zweihundert Jahren wissen die Schulkinder nicht mehr, daß dort mal Bremen lag. Ach, was sag ich, in fünfzig Jahren. Image ist alles – Hunger jedoch noch mehr.«

Den Satz hatte ich im voraus gerochen.

Mein Assistent hatte einen Rehrücken in der Bratröhre, der so köstlich duftete, daß mir der Auftrag egal war, illegal bis scheißegal.

»Die Hansestadt hat doch nie ein sonderliches Image besessen«, sagte Theo, als er die Speisen auf den Tisch stellte, »und aus der Mathematik weiß ich, daß unter Null nichts mehr kommt.«

Das war ein Rätsel, von dem die Kreter noch nichts wußten. Und die Sumerer waren sogar daran zugrunde gegangen.

Vielleicht lag da die Lösung.

Erst mal ließ ich es mir schmecken. Rehrücken mit Rotkohl und rohen Klößen, guten Hunger.

Ich erinnerte Theo an die Wahnsinnsidee der Senatoren,

die vor Jahren in der bürgermeisterlichen Sauna den Plan ausgeheckt hatten, daß Bremen sich nach der kriminellen Wiedervereinigung als neue Bundeshauptstadt ins Spiel bringen sollte, um die herrschende Flaute zu meistern. Zenker faßte sich an den Kopf, dann an meinen, der nötig Ruhe brauchte.

Nach einem ausgiebigen Verdauungsschläfchen ging ich hinüber zum Bürgermeister.

Das ist das Gute an den kurzen Wegen. Gehn wir mal rüber und fragen ... Wo ist sowas schon möglich?

Der Erste Bürger ist ein langer, hagerer Händeschüttler, der so evangelisch lächeln kann, daß manchem Katholiken beim eiligen Abendmahl die Oblate im Hals steckenbleibt. Ach, hätte man doch ein winziges Schlückchen des weißen Weines, um das klebrige Zeug hinunterzuspülen. Danach dürstete mich sehr.

Der Bürgermeister wußte nichts. Nichts von einem Auftrag an mich. Nichts von meinem Spesensatz. Nichts von einem rosafarbenen Astrologen, den der Senat bei wichtigen Entscheidungen konsultierte.

»Was glauben Sie denn, was wir sind, Mr. Cool?«

Das wollte ich ihm lieber nicht beantworten. Er soll ja sehr schnell eingeschnappt sein.

»Meinen Sie, wir würden einem Astrologen das Schicksal unserer geliebten Hansestadt in die Hand legen?«

Ich verstand nur: aus der Hand lesen. Das kam wohl daher, daß ich in der letzten Zeit ein wenig taub geworden war. Ich hörte fast alles, was nicht für mich bestimmt war.

»Ich glaube an Gott, unseren Schöpfer, sonst nichts,

Punktum«, sagte der Bürgermeister barsch und protestantisch.

»Aber der hat doch auch die Sterne geschaffen«, warf ich probeweise ein. Man muß seinen Oberen widersprechen, damit die merken, daß man überhaupt noch da ist.

»Ich liebe jeden einzelnen Stern«, sagte er nun, weil er immer alles liebte, was seine Untergebenen auch liebten. Er konnte in Windeseile jede Position vertreten, auch die, die er Sekunden zuvor noch scharf bekämpft hatte.

»Und deren Einfluß auf die Menschen? Wie steht es damit?«

»Natürlich haben die Sterne Einfluß. Schauen Sie sich doch nur mal die vielen verliebten Paare an, die in heißen Sommernächten unter dem hohen Sternenzelt im duftenden Heu miteinander ...«

Das Telefon klingelte.

Meine Audienz war zu Ende.

Er schickte mich vor die Tür wie einen Dackel, bei dem der TÜV abgelaufen ist.

Im gemarmorten Flur des Rathauses – die Hansestadt war mal der reichsten eine – traf ich den Innensenator, gefolgt von seinen vier Mastinos. Personenschutz, seit er in der Ausländerpolitik die härteste Linie zu betreiben beliebte.

»Mr. Cool, was führt Sie ausgerechnet zu mir?«

Gar nichts, hätte ich antworten sollen, überhaupt nichts, nicht so viel. Aber wenn man derart gebeten wird.

»Ich soll das Image der Hansestadt wiederfinden, es scheint verlorengegangen zu sein.«

»Wunderbarer Witz.« Der Innensenator lachte schallend und drehte sich zu einem seiner bulligen Begleiter um. »Sofort notieren. Das muß ich heute abend unbedingt beim Bowling zum besten geben. – Hat er sie beauftragt?«

»Wer?«

»ER!«

»Sie meinen ihn.« Ich zeigte mit dem Zeigefinger gen Himmel.

»Nein, IHN.« Er wies auf die Tür des größten Protestanten auf hanseatischem Boden.

Ich schüttelte den Kopf. »Der Senatsastrologe war bei mir.«

Du sollst, dritter Lehrsatz, immer gleich den Auftraggeber deines Falls nennen, das führt zu den wunderbarsten Verwicklungen.

»Ach, der«, erwiderte der Innensenator und zuckte mit den Mundwinkeln in mindestens drei Richtungen, ganz so, wie der Astrolog' geschielt hatte. »Der steckt in einer tiefen Persönlichkeitskrise, weil keiner ihn mehr so richtig ernst nimmt. Aber das mit dem verschwundenen Image ist wirklich cool. Danke.«

Dann drehte er ab. Seine Mastinos im Stechschritt hinterher.

Als ich unter dem grünen Bismarck gleich neben dem Dom stand, wußte ich zwei Dinge: erstens, der Bürgermeister hatte mich belogen – sie beschäftigten tatsächlich einen Astrologen, immerhin hatte ich den persönlich gesehen; zweitens, mein Auftrag war gefälscht. Es ging gar nicht um das Image der Hansestadt, davon wollte keiner was wissen. Der Innensenator hielt es gar für einen Scherz. Aber um was ging es dann?

Kommissar Zufall tauchte auf.

»Mr. Cool, wir lassen Sie schon seit Tagen beschatten. Was ist los? Haben Sie keine Lust mehr, wenigstens ein Fahrrad zu klauen?«

Er brauchte etwas Handfestes gegen mich, um mich vor die Schranken eines Reviertresens zu bringen.

Ich erzählte ihm von meiner Drogenmisere.

Er hatte Verständnis.

Von meinem Auftrag.

Zufall nickte.

Von den Widersprüchen um meinen Auftraggeber.

Kommissar Zufall wurde hellhörig, hellsehig, hellmundig. »Dieser miese Stinker von einem Astroheini hat Ihnen einen Auftrag gegeben, Mr. Cool? Da kann ich Sie beruhigen. Glauben Sie ihm kein Wort. Der lügt Gedrucktes. Wir hatten den schon zweimal in der Mangel. Beim ersten Mal behauptete er, alle Sieger beim Pferderennen astrologisch ermitteln zu können, aber nichts da, Fehlanzeige, jede Menge Wettschulden; beim zweiten Mal tat er so, als habe er bloß die Sieger beim Deutschen Schäferhundwettbewerb gemeint. Nur eins kann er: Kohle machen.«

»Also, Sie meinen, ich kriege mein Geld?«

Kommissar Zufall war sich da ganz sicher. »Aber seien Sie auf der Hut, der miese Stinker hat ein paar Tricks auf Lager, da könnte mancher von lernen.«

Was doch alles aus so einer zufälligen Begegnung herauskommen kann.

Die nächste war noch zufälliger. Eine Begegnung der dritten Art. Zwischen High noon und Mittag.

Ich traf das Image.

Ja, doch, ich habe mit ihm geredet.

Mit dem Image persönlich.

War ganz zugänglich.

Praktisch wie die Putzfrau von nebenan.

Nur ohne Kopftuch.

Wir haben sogar nett miteinander geplaudert.

Über was?

Erst mal eine Verneigung vor der großen Mutter Philosophie: Bewußtsein und Bestimmung, Körpergröße und Gedankenblässe, Geltungssucht und Eifersucht.

Auch über die Frage: Wie mache ich auf mich aufmerksam? Gerade in der letzten Zeit scheint dieser Bestseller nötiger denn je zu werden. (Warum schreibt ihn eigentlich keiner, verdammt noch mal? Das Copyright habe ich doch längst freigegeben.)

Das Image sprach davon, daß jeder für fünf Sekunden berühmt werden könne, nicht nur Andy Warhol. Aber es gäbe einfach zu viele Aspiranten.

Ich entgegnete, daß mir die Ärsche mancher Personen lieber seien als deren Gesichter. Doppelter niedersächsischer Genetiv, genial, was?

Da lachte das Image zum ersten Mal.

Beim zweiten Mal lachte ich nicht mehr.

Es stellte sich nämlich heraus, daß ich mit dem falschen

Image gesprochen hatte. Dies war nicht das Image der bleichen Mutter Hansestadt, sondern das Image des Abgekanzelten.

»Hätten Sie das nicht gleich sagen können!?« zischte ich.

»Hätten Sie das nicht gleich fragen können!?« Ganz der Oggersheimer, sofort beleidigt.

Warum sind Politiker eigentlich Mimosen? Oder wären Mimosen nicht die besseren Politiker? Bevor ich jetzt schon wieder abgleite ins Assoziative ... ich erfuhr, daß es ein geheimes Treffen aller Images geben soll. Einmal im Monat kommen sie zusammen. Mitgliederversammlung in der *Floridita* in Havanna, gleich neben Hemingways Getränken. Ich solle doch mal dort nachfragen, ob das Image der Hansestadt ...

Wenn du einen Faden in der Hand hältst, zieh so lange, bis daraus eine warme Weste wird, sagt der Araber. Und der Meschuggene fügt hinzu: Aus einem Faden kann ein Knäuel werden. Am besten gefällt mir immer noch: Der Lebensfaden reißt. Am Ende. Könnte vom polnischen Lec sein. Muß aber nicht.

Jetzt war ein Einfall gefragt. Vielleicht auch zwei. Zunächst zu dem vordringlichsten Problem: Zahlt mein Auftraggeber die Fahrtkosten?

In solchen Fällen, dies ist der letzte kostenfreie Rat für Berufsanfänger in meinem Job, muß man direkt einen Umweg ansteuern, oder anders: eine Notlüge vorschützen, oder: sich aufspielen. Was ja gerade zu der Frage: Image oder Nicht-Sein? die Antwort sein könnte.

Der rosarote Astrolog' saß in seinem Büro und blickte auf die Ziegeleien des Schnoor, des ältesten der Handwerkerviertel der Stadt. Wundervoller Ausblick, könnte man sich ein paar Jahrhunderte dran ergötzen.

»Sie hier?«

»Ich selbst.«

»Wo-zu?«

»Mal schaun.«

»So schnell?«

»Ja doch.«

»Und dann?«

»Bis bald.«

Gar nicht so einfach, eine zweisilbige Konversation zu führen. Ich fiel sofort mit meinem Anliegen ins Haus.

»Ich weiß, wo sich das Image aufhält.«

»Ach nee?«

»Wirklich, ich muß sofort hin.«

»So so!«

Der Astrologe war nicht hinterm Mond, kam aber aus dem Zweitakter nicht heraus.

»Das Image hat sich zur Beratung zurückgezogen.«

»Und wo?«

»Ku-ba.«

Half ja nichts, es ging in seinem Rhythmus weiter.

»Ach da?«

»Ja, dort!«

»Und nun?«

»Ich hin!«

»Wer zahlt?«

»Na Sie!«

»Das könnte Ihnen so passen, ich schicke Sie doch nicht auf eigene Kosten nach Kuba.«

»Mo-ment«, loriote ich. »Mo-ment. Ich denke, das ist ein Senatsauftrag. Die zahlen immer, wenn auch nicht im voraus ...«

»Ja, das war einmal.«

Die Geschichte, die ich dann zu hören bekam, war schlimmer als alle Trauerfälle des vergangenen November. Der Astrolog' war eingespart worden. Einfach so. Gestrichen. Wegrationalisiert. Von heut' auf morgen. Gekürzt. Jahrelang wurde sein nicht zu knappes Salär unter der Rubrik: Kontakte mit Außerirdischem geführt. Klar, daß jeder dachte, die Senatoren sorgen vor, planen für den Fall der Fälle, den bremischen Kontakt mit dem All. Niemand wäre je auf die Idee gekommen, so einen Haushaltsposten zu überprüfen. Aber beim letzten Streichkonzert: Zack, die Stelle wurde umgehend abgeschafft.

Nun saß er da, der Astrolog'. Und log. Und log. Er war auf die Sache mit dem Image verfallen, weil er wußte, daß die Senatsrunde auf nichts mehr schielte. Der schöne Schein der wahren Politik. Darum ging es. Er hatte mir den Auftrag zugespielt, weil ich doch findig sei und weil ...

Ich hatte ja tatsächlich auch was gefunden. Aber das lag nun mal auf der anderen Seite des Teichs.

Der Astrolog' nahm eine Sternenkarte und suchte den Löwen. Ein reichlich merkwürdiges Bild. Hinten spitz wie Lumpi, na, na, ein Kalauer, aber spitz stimmt tatsächlich. Dann wie ein gedetschtes, ungleichmäßiges Dreieck mit einem viersternigen Hebegriff dran. Mathematisch gesprochen. Alles klar? Ne? Macht nichts. Auf der Hypotenuse Denebola einerseits, andererseits Regulus. Und zu allem Überfluß darüber der Kleine Löwe, der aussieht wie der obere Teil eines Fragezeichens. Mehr war wohl nicht mehr drin gewesen.

Nun schob der Astrolog' die ovale Horizontlinie auf das Zentrum des Sternbilds, stellte Rektaszension und Deklination ein, führte die Zeigerlinie mit der Ekliptik zusammen und sagte: »Toll, ganz toll.«

Ich wußte nicht so recht, was es bedeuten sollte. Und der Astrolog' hatte auch nicht gerade viele Worte dafür, aber seine Aussage entsprach den Tatsachen.

»Sie sind am 4. August geboren, nachmittags so gegen 16 Uhr, oder?«

Echt, ich war platt wie Backnang.

Wieder einer von diesen Verblüffungstricks.

»Fahren Sie nach Havanna! Sprechen Sie mit dem Image!! Bitten Sie es, umgehend zurückzukommen!!!«

Ich nickte. Obwohl ich schon an den drei Ausrufezeichen hätte erkennen können daß hier etwas nicht stimmte.

Ich solle zunächst die Flugkosten selbst tragen, aber im Erfolgsfalle würde meine Provision nochmals verdoppelt. Doble o nüt, sagt der Schwyzer, und hat sich damit eine Reihe von erfolgreichen Bankhäusern geschaffen. Nicht nur in Züri.

Als ich Theo erzählte, was mir alles widerfahren war, klopfte er mir erst auf die Schulter, dann ans Gehirn. »Dir fehlt der Joint, J. B., was? Das drogenfreie Leben bekommt dir überhaupt nicht.«

Ich nickte tapfer wie ein Schulmädchen, dem zum ersten Mal das rote Schleifchen ins Haar gebunden wird.

»Ich fahre«, sagte ich trotzig. »Und wenn wir bis ins nächste Jahrtausend im Schuldturm schmachten.«

»Und ich?« motzte er.

»Telefondienst, einer muß dableiben. Hat denn niemand angerufen? Wieder kein Auftrag ...?«

»Ach ja, doch, bevor ich es vergesse, der Bürgermeister war dran, du sollst noch mal reinschauen, es sei ihm was eingefallen, zu dieser Sache da und so.«

»Genauer geht es nicht, Theo?«

»Ich bin in der letzten Zeit etwas vergeßlich, besonders was Telefonanrufe betrifft. Er sagte noch etwas von dummer Ausrede oder so.«

Glücklicherweise lag das Reisebüro direkt in der Fluchtlinie zum Rathaus. Aber erst die Buchung, dann die Nachfrage.

Ich traute meinen Augen kaum, als ich die Tür zur senatorischen Sauna aufstieß, die der Bürgermeister in seinem Ratskeller beherbergte.

Sie saßen in drei Reihen, neben-, über-, durcheinander. Der Chef schwang das tropfnasse Handtuch wie eine Peitsche über den knallroten Köppen des gewichtigen Kollegiums.

»Aus-ziehen, aus-ziehen«, riefen die Senatorinnen, als sie mich erblickten.

Nichts leichter als das.

In weniger als dreißig Sekunden hatte ich die Hosen runter, das Hemd weg und den Kopf frei. Hinein ins Getümmel. Es gab ein Ruckeln und ein Zuckeln, ein Schubsen und ein Drängeln. Obwohl die Zahl der Senatoren schon seit Jahren verringert werden sollte, damit mehr Platz in der Sauna war. Es kam irgendwie nie dazu.

Ich mußte stehen. Pech gehabt.

»Mr. Cool, schön, daß Sie so schnell abkömmlich waren. Wir setzen Sie gleich auf die Tagesordnung.«

»Immer noch auf der Suche nach dem Image?« kreischte der Innensenator und schlug sich auf die Oberschenkel, daß der Schweiß herumspritzte, als solle ganz Neu-Isenburg davon benäßt werden.

»Ja«, gab ich knapp zur Antwort.

Allgemeines Erstaunen.

»Und ich weiß auch, wo unser Image hin ist.«

Spezielles Erstaunen.

Auch beim Ersten Bürger.

»Ich würde den Job übernehmen«, sagte ich lässig und indigniert.

»Welchen?« wollte die Kunstsenatorin wissen.

»Ich würde das Image wieder herholen. Ich kann mir das Ganze auch schon lebhaft vorstellen.«

In diesem Augenblick spürte ich, daß sich etwas zwischen meinen Schenkeln aufrichtete, in keinem Augenblick unpassender als gerade jetzt. Wie oft hatte ich davon gealpträumt.

»Er-ek-tion!« sang die Gesundheitssenatorin, ein aufsteigender Dreiklang in E-Dur.

Im Chor wiederholte die ganze Sauna-Besatzung die Tonfolge.

Der Bürgermeister sagte, das Geld stehe bereit. Und wenn er es in Briefmarken bezahlen müsse oder aus seiner eigenen Pension. Wenn es mir tatsächlich gelinge ...

Also doch.

Der Astrolog' hatte ins Schwarze getroffen. Allerdings ohne zu zielen.

Aber warum gerade ich? Die hätten doch eine Dienstreise machen können, alle Mann und alle Frau'n: Kuba, Havanna, *Floridita.* Wäre doch keinem aufgefallen. Spesen, Spesen über alles ...

Meine Erektion war wieder in sich zusammengefallen. Bei soviel öffentlicher Lethargie.

»Und was darf ich dem Image versprechen, damit es wieder heimkehrt?«

Ja, so sind meine Fragen eben, scharf wie Solingen, glatt wie Schmirgelpapier, feucht wie Wasserstrudel.

»Nichts.«

»Alles.«

»Besondere Behandlung.«

Das waren die ersten drei Antworten aus Senatskreisen.

»Werfen Sie ihm doch den Astrologen zum Fraß vor, mal sehen, ob das Image anbeißt, Mr. Cool.«

Das war der Innensenator, von keinem an Härte zu überbieten. Der hochgewachsene Protestant schnippte etwas Stirnschweiß in seine Richtung.

»Bisher hat sich das Image immer bei uns wohl gefühlt. Erzähle ihm, daß wir es ganz dolle liebhaben. Das müßte reichen«, sagte der Erste Bürger mit sorgendurchfurchter Miene. »Außerdem: Die Kassen sind leer.«

Diesem gebetsmühlenartigen Ceterum censeo in der Hansestadt war nichts hinzuzufügen.

Die nächste Maschine nach Paris war meine.

Dann ging es schnurstracks auf die Zuckerinsel.

Ich wußte, daß Fidel mich nicht erwartete. Ich ihn aber auch nicht. Seitdem er wieder die Presse schurigelte und Oppositionelle aburteilen ließ, schlich ich lieber durch den Hintereingang ins Land. Mit Touristenvisum.

Samba si, trabajo no – einer meiner liebsten Sprüche. Kaum hatte ich kubanischen Boden unter den Füßen, vergaß ich meinen Auftrag komplett. Hundertpro.

Die milden Lüfte, das tobende Meer am Malecon, die rumsüßen Drinks zwischen Mojito und Daiquirí, die eiskalten, saudunklen Bars und noch manches andere kam zwischen meinen Auftrag und mir zu liegen.

Sie hieß Juanita.

Und ihr Angang war umwerfend. Ich hätte mein Sperrmöbelbüro für immer in die Nähe des Hotels *Habana Libre* verlegen können, wenn ich ihren Offerten blindlings gefolgt wäre.

Leider fand mich das Image am dritten Tag des Taumels.

»Du bist mir schon annonciert worden, J. B.«

»Von wem?«

»Zenker und Konsorten.«

»Verdammtes Denunziantenpack.«

Ich war ehrlich sauer. Hätte doch wenigstens noch eine

Woche ... glücklicherweise war Juanita nicht im Zimmer, unsere Getränkelage hatte eine ziemliche Schwächung erfahren. (Wenn mein Doc davon erfahren würde ...)

»Was hast du anzubieten?«

Nackt wie ich war, zwischen den gescheuerten Laken, antwortete ich, so ehrlich wie Bitterfeld: »Nichts.«

»Dachte ich mir«, sagte das Image, »das klingt mir sehr vertraut. Hansestädtische Bescheidenheit. Mal was ganz Neues, Mr. Cool!«

Ich versuchte krampfhaft, das Laken um mich zu schlingen, damit ich der Konversation gewachsen war.

»Was verlangst du denn?« fragte ich stolz, aber schüchtern.

»Ich?«

»Wer sonst?«

Das Image zögerte ein wenig, dann imitierte es mich.

»Nichts.«

»Also kommst du mit? Prima! Dann brechen wir in ein paar Tagen auf, na ja, eine Woche werden die es ja wohl ohne Image aushalten, oder zwei ...«

»Nee, nee, Mr. Cool, ich bleibe hier.«

»Was?« schrie ich so laut, daß überall im Häuserblock und auch gegenüber die Fenster aufgerissen wurden. Ein Löwe hätte nicht lauter brüllen können. Schon gar nicht von seinem Sternbild herunter. »Du hast eine Aufgabe, du hast eine Ehre und du hast für Bremen da zu sein.«

»So? Und wer bedarf meiner so dringend?«

»Alle«, sagte ich, »einfach alle! Die Stadt wankt ihrem Untergang entgegen ohne dich!! Wir werden von der

Landkarte gelöscht, wenn du nicht bald wieder erscheinst!!!« (Noch mal drei Ausrufezeichen, mehr war wirklich nicht drin.)

Nun kam das Image ins Grübeln.

»In Bremen wird mir zu oft schlecht. Miese Laune, Depri, was weiß ich. Besonders im Februar. Ich dachte mir die Sache so: in den dunklen Monaten bin ich aushäusig und mit dem Frühling kehre ich zurück. Wie klingt das, J. B.?«

Kein dummer Gedanke. Brauchte die Hansestadt im Winter überhaupt ein Image? In dieser Zeit waren sogar die Zimmerpreise der Hotels so niedrig, daß man die Heizung gar nicht erst einschalten mußte.

»Könnten wir tauschen?«

»Wie meinst du das?«

»Du spielst in Zukunft Detektiv, und ich mime das Image!«

»Kannst du das denn?«

»Image kann doch fast jeder.«

»Na denn, viel Vergnügen.«

Plötzlich merkte ich, daß ich das Image beleidigt hatte. Schlimmer als Hattingen. So überraschend, wie es an meiner Bettkante aufgetaucht war, so überraschend war es nun entfleucht.

Juanita hatte sich die Haare hochgebunden. Mit zwei großzügig befüllten, kühl beschlagenen Longdrinkbehältern trat sie neben mich. Ihr Spanisch klang erhebend.

»Toma, Joe Big, tomala. Es mi refresco especial!«

Das Gesöff kannte ich schon: ein Drittel Nichts, der

Rest weißer Rum mit Limone und einem Spritzer Angostura. Davon kippen selbst Fledermäuse von der Decke.

Ich leerte das Glas in einem Zug. Sprang aus dem Bett und machte mich auf den Weg. An diesem Abend war die monatliche Image-Mitgliederversammlung in der *Floridita.* Beinahe hätte ich den Termin verpaßt.

Weit und breit kein Taxi. Kein Taxi, das für Pesos fuhr, versteht sich. Kaum hielt ich eine Dollarnote in die Luft, konnte ich mich vor Limousinen nicht retten. Sie hätten mich überall hingefahren. Auch bis ans weit entfernte Ende der Insel. Vielleicht sogar bis Miami.

»Mi daquirí en la Floridita, mi mojito en la Bodeguita.« Der alte Mann hatte ein ganzes Meer ausgesoffen, 22 Drinks soll er ab Sonnenuntergang verpiesematuckelt haben. Und da soll ich abseits stehen. Oder gar hinter dem Tor. (Ich glaube, ich muß einfach mal den Doc auswechseln.)

Ich setzte mich auf den rotgepolsterten Lederhocker und ließ mir das Hemingwaysche Hausgetränk mixen. Rohrzucker, Limonensaft, gestoßenes Eis und so viel Rum, daß die Schädeldecke *son* tänzelt. Oder welcher *ritmo* gerade aus der Jukebox schallt.

Der Barmann hatte rund zweihundert Getränke pro Tag in den Armen. Wenn er den Shaker schüttelte, schwang manches hundertbeinige Flohballett die Tanzbeine.

Die Tür wurde weit aufgerissen.

Die beiden Livrierten, die niemanden im T-Shirt oder mit Nike-Schuhen hereinließen, machten einen tiefen Knicks.

Dann betrat das Image von Gott die Bar. Ehre, wem Ehre gebührt.

SEIN Heiligenschein in Veilchenviolett.

Ich lehnte mich mit beiden Ellenbogen auf die hölzerne Theke, schaukelte den Drink in der Rechten und kam aus dem Staunen nicht mehr heraus. Mein Blick war zur Tür gerichtet.

Als nächstes entdeckte ich das Image von Abraham und Sohn. Marlene, Greta, Marylin. Die Marxbrothers samt Karl, Friedrich mit seinen drei Engeln. Aber auch das Image von Meinerzhagen schien hier Stammgast zu sein. In der heimlichen Imagehauptstadt der Welt.

Das Image des Rotkohls.

Und des Lachgases.

Des Pinguins, der Seelöwen und der Tigerenten.

Zwiebelwurst und Zytoxin kamen als letzte.

Die Namensliste war so lang, daß der alte Brockhaus ins Grübeln gekommen wäre, ob damit überhaupt noch ein Geschäft zu machen sei.

Und alles auf Null-Raum. Ein Image braucht keinen Platz. Wieviel Platz brauchen Zehntausende von ihnen? Hatte die Frage nicht schon Theo Zenker gestellt? (Blättern Sie zurück zur Seite 123, wenn Sie die Antwort nicht mehr wissen.)

Warum sie sich gerade diese Bar in Havanna ausgesucht hatten, um ihre Mitgliederversammlung abzuhalten? Ich kann es nicht mal vermuten, so gerne ich Spekulatius zum Freund habe.

Natürlich war auch das Image der Hansestadt angekommen. Auf hoher See, *high on wire, sbrillo, sbrinzo, bleu, borracho* ... um nicht zu sagen: mit schwerer Schlagseite.

»Ach nee, Mr. Cool«, lallte es, »am wenigsten hätte ich Sie hier erwartet.«

»Wen denn mehr?« fragte ich philosophisch retour.

Es setzte sich neben mich, trank aus meinem Daiquirí, sprach erst mir, dann sich selbst Mut zu und erzählte mir eine Geschichte, die mich fast ins nächste Flugzeug nach Hause gesetzt hätte.

Hier die Kurzform.

Das Image hatte die oberen Hansestädter rechtzeitig gewarnt. Wenn es noch ein Mal beleidigt würde, dann tschüüüsss ... Auch in früheren Jahrhunderten sei es häufig mit Füßen getreten worden. Schon der steinerne Roland meinte gelegentlich, auf ihm herumtrampeln zu können. Oder die vier Stadtmusikanten mit ihrem atonalen Gedudel. Die Krönung waren aber immer die aufgeblasenen Rotwein-Senatoren. Seit jeher fügten sie dem Image schwersten Schaden zu. In aller Öffentlichkeit. Hier ein blamabler Satz, dort eine Unverfrorenheit, hier ein Wichtiggetuhe, dort eine Dummerhaftigkeit. Es könne da Namen nennen ... Das Image schaute sich um, wollte wohl niemanden der Anwesenden beleidigen.

»Einmal mußte Schluß sein. Ich habe es wieder und wieder, klar und deutlich gesagt. Noch eine Beleidigung und dann ab dafür ...«

Das Image meinte es ernst.

Sollten doch die Beleidiger diese Scharte selbst wieder

auswetzen. Was ging mich das an. Sollten sie sich in Marsch setzen, stellen, legen, *put, put, put* ...

Sie würden einzeln antänzeln müssen und sich förmlich entschuldigen. Sonst würde Bremen die erste Stadt der Welt ohne Image sein. Und das war schlimmer als Hoyerswerda oder Rostock-Lichtenhagen.

»Alle denken immer, mich gibt es umsonst oder als Sättigungsbeilage oder auf Krankenschein ... Ich will beachtet werden!«

So, nun war es heraus.

Das Image in seiner eigenen Krise. Gefangen.

Mit Füßen getreten. Verachtet. Verlacht und verlaust.

Dafür ging es ihm in Havanna nicht mal übel.

Ich bestellte noch den einen oder anderen *longen* Drink und versuchte etwas von der Mitgliederversammlung mitzukriegen. Aber sie sprachen ein tonloses Kauderwelsch, für das sich sogar Herr Esperanto zu Boden geschämt hätte.

Irgendwann kam Juanita und verführte mich zum längeren Verweilen auf der Insel.

Auf jeden Fall werde ich mich dem Image anschließen und erst zurückkehren, wenn die Hansestadt ihr Frühlingskleid überstreift.

Bärbel Balke

Im Haus des Löwen

Erbarmungslos brannte die Augustsonne auf die Stadt. Man hatte den Springbrunnen das Wasser abgesperrt und Rasensprengen per Anordnung untersagt. Es gab bereits Hitzeopfer. Die Gazetten sprachen von einer Jahrhundert-Katastrophe.

Der hochgewachsene, in der Erscheinung noch stattliche Herr Salz drehte das Radio lauter und ließ sich vorsichtig im Sessel nieder, darauf bedacht, die unförmige Plastikhaube auf seinem Kopf nicht ins Wanken zu bringen. Er färbte sich gerade das Haar, weil er eine ansehnliche Leiche abgeben wollte. Der heutige Tag, so war es geplant, sollte sein Todestag werden. Er wartete nur noch auf die Hauskrankenpflege. Hätte er geahnt, daß dieser August Tapergreise umnietete wie der Krieg Soldaten, wäre keine fremde Hilfe nötig gewesen. Er hätte in der Mittagsglut einige Runden durch den Park gedreht bis zum Herzversagen. Aber er bekam von Jahreszeiten und Wetter einfach nichts mehr mit. Die vor zwei Jahren am Haus aufgestellten und mit Folie verkleideten Gerüste ließen kaum Licht in seine Wohnung. Proteste waren im Besitzerstreit untergegangen. Immer mehr Mieter hatten sich verzogen, und nach und nach war auch das alte, kunstvoll gedrechselte Treppengeländer verschwunden. Nur er und die Mandelsohn waren übriggeblieben und der herrliche Löwe auf der Stele im Eingangsportal, eine Festung, an der sich über die Jahre schon einige vergeblich versucht hatten. Im letzten Moment überredete Salz einen ebenso alten Zausel, der hin und wieder Prospekte in namenlose Briefkästen stopfte, zu einer Rettungsaktion. Dazu angestiftet hatte eigentlich Frau Doktor: »Legen Sie sich ein Tier zu, das hält fit!«

Zu mitternächtlicher Stunde an einem Freitag hatte Salz sich also ein Tier zugelegt. Sie sägten den Löwen kurzerhand an Vorder- und Hinterläufen ab, umwickelten die Stümpfe mit Mullbinden, als sei das schmerzlindernd, und hievten ihn keuchend in seine gute Stube. Damit hatte alles angefangen. Seitdem fragte Salz sich, ob seine Prostata noch richtig funktionierte, weil er plötzlich wie ein junger Spund wieder eine Morgenlatte bekam und halt diese Gelüste. Dafür hatte er keinen Appetit mehr, und in Abständen klingelte das rechte Ohr. Wie eben jetzt. War ja nicht auszuhalten!

Die alte Mandelsohn, um die Neunzig oder auch hundert Jahre älter – sie kokettierte, wenn jemand fragte –, drückte wie besessen auf den Klingelknopf. »Mach endlich auf, du Sturkopp!« Nun schlug sie auch noch mit der Krücke gegen die Tür.

Salz wäre es lieber gewesen, sein Ohr hätte gemuckscht. Wahrscheinlich war gerade ihr Frisör gegangen, und sie mußte sich präsentieren. Hatte viel mehr da oben als er, Millionen gekräuselter Löckchen! Ärgerte ihn. Außerdem mochte er Weiber in alten, weißen Morgenmänteln nicht besonders. Ihrer roch auch noch, nein, sämtliche Sachen stanken nach Nasivin und Knoblauch, überall lagen bei ihr

Pillenpackungen, Medizinflaschen und Vitamine herum. Er wollte jetzt kein Täßchen grünen Tee mit ihr trinken. Darauf schwor sie. Deswegen sei sie so vital. Bei ihr wurde vital mit f gesprochen – Fital! – und herausfordernd, fast anzüglich intoniert wie ficki, ficki.

»Meine Güte, bin ich erschrocken. Was hast'n da auf 'm Kopp, 'ne Kurpackung gegen Alzheimer?«

Dieses Miststück! Er war schwer krank. Unaufhaltsame Ablagerung des Proteins Beta-Amyloid in seinem Gehirn nannten die Fachleute das! Diese Ablagerung manipulierte sein Gedächtnis. Alzheimer kommt, hatte Frau Doktor gesagt, woraufhin er abgelehnt hatte, Besuch zu empfangen. Er kenne keinen Alzheimer.

Salz fuhr geschäftig mit dem immer griffbereiten Staubwedel über den kniehohen König der Wüste.

»Was so ein richtiger Löwe ist ... der hält durch«, stichelte die Mandelsohn weiter und machte es sich ungebeten auf seinem Sofa bequem, das mittlerweile auch Bett war, heute noch unaufgeräumt. »Zwar ist das Tier, jetzt ohne Pranken, ebenso schlecht zu Fuß wie du und bei näherem Hinsehen sogar etwas wurmstichig«, fuhr sie fort, »aber in seinem Blick liegt immer noch das entschiedene Lauern eines starken, zum Angriff bereiten Kämpfers.«

Da war es wieder, dieses Fitale. Sicherlich ließ sie wie zufällig den Morgenmantel über ihre Knochen gleiten – Schultern konnte er dazu nicht sagen –, damit die teure Spitze ihres Negligés zum Vorschein kam und er endlich begriff, am Geld lag es nicht. Sie würde den schäbigen Rest Morgenmantel bis zuletzt schleppen.

»Redest nicht mit mir ... Auch gut. Färbst dir also die Haare. Darf ich fragen, wofür das gut sein soll?«

Salz schwieg penetrant, putzte kaltschnäuzig weiter und baute darauf, daß sie aufgab. Mußte nur durchhalten. Sie hatten ihre Spielregeln. Obwohl er ihr zu gern ein letztes Ding verpaßt hätte: Ab morgen, Rosa, bist du mutterseelenallein in diesem Haus. Ich bring mich um, heute noch! Ausrasten würde sie: Was? Du Feigling, du! Wir sind die letzten Zeitzeugen eines vergangenen, grausamen Jahrhunderts! 1916 ist mein Vater bei Verdun ...! Ich habe Dachau ... der Rest der Familie nicht. Sie würde die Mauertoten, die Ermordeten und Vertriebenen der Balkanregion heraufbeschwören und fragen ...

»Fällt dir nichts auf? Dachte, dir fällt es gleich auf. Sieh doch mal, wie der funkelt! Ach, dann leck mich doch! Bist auch nur ein weiteres Arschloch, daß morgens aufwacht und die Welt haßt.«

Salz bewegte sich ungerührt hin zum englischen Büfett und kitzelte mit dem Staubwedel betont akribisch seine barocken Tischuhren, dann die Wecker aus den Zwanzigern in den Bücherregalen und zum Schluß die Kuckucksuhren. Alle seine siebenunddreißig Lieblinge gingen auf die Sekunde genau. Mußte dieser stechend riechende Brei noch eine gute Viertelstunde auf dem Haar bleiben und der Morgenmantel bis dahin verschwunden sein. So! Der Dreck war weg. Salz wandte sich um, worauf die Mandelsohn nicht gefaßt war. Sie bohrte genüßlich in der Nase, wußte jetzt nicht, wohin mit dem Popel, und versuchte ein Ablenkungsmanöver. Vital deutete sie auf ihre Goldkette mit eingefaßtem Diamanten und übergab dabei hinterhältig das Ding an sein Bettlaken. Pikiert setzte sich Salz ihr gegenüber und begann zu nicken. Die Nervensäge war einfach nicht zu schlagen. Alt wie Methusalem. Er mit seinen Fünfundsiebzig war dagegen ein Waisenknabe. Zwei neue Hüftgelenke, mit denen sie schlechter lief als vorher mit den kranken, aber sie ließ einen Coiffeur kommen. Und Fußpflege. Und Kosmetiktanten. Sie kaufte sich dieses Glitzerzeug, freute sich über jedes zurückerworbene Haus. Hatte drei davon, aber blieb hier kleben. Sie brauchte ihn halt.

»Hast du Nachrichten gehört?« Die Mandelsohn war bereit zu einer letzten Annäherung. »Das ist eine Hitze aber auch. Mir ist so blümerant. Vielleicht mach ich bald die Mücke.«

Salz bekam Mitleid, aber höchstens für noch fünf Minuten. »Rosa, ich hab heut' meinen lethargischen Tag. Laß gut sein.«

Sie sah ihn höhnisch an. »Eine Lethargie-Manie hast du! Gehst nicht mehr raus, zahlst keine Miete. Nur die Doktorsche hat eine Zwangsräumung abwenden können. Ich übernehme deine Mietschulden, sagen wir ... die Hälfte? Die setzen dich sonst raus!«

Ein wenig verschämt tätschelte er ihre Hand. »Ich habe keine Schulden, sondern die Miete verweigert. Und nun verschwinde! Ich muß noch einiges erledigen.« Vielleicht war der Strick, der in der Kammer hing, doch schon überaltert und riß im entscheidenden Moment. Er wollte kein Risiko mehr eingehen. Tom mußte ein neues Seil kaufen.

Trotz der unerträglichen Temperatur, erst recht in Autos ohne Klimaanlage, war die Berliner Karl-Marx-Allee voller Fahrzeuge. Die Räder klebten vor den Ampeln am Asphalt und fuhren nur träge an. Tom wischte Schweiß von der Stirn, Peggy pustete gegen ihren Pony. Tat sie, wenn sie aufgeregt war. Die mit Gel betonierten, über die Stirn gespreizten drei Strähnen in Schwarz, Rot, Gelb stellten sich auf.

»Mann, das kann ein Notruf sein!« Ihre braunen Augen funkelten feindselig, weil er einfach nicht ans Handy ging, sondern quengelte: »Laß uns doch an einen See fahren. Ruf in der Zentrale an! Einer übernimmt bestimmt deine Häppstädt.«

»Ach, verpiß dich doch!« Wütend lehnte Peggy den Kopf aus dem Wagenfenster. Nun stand der Pony senkrecht. Tom wollte über ihren ansonsten kahl geschorenen Schädel streicheln, doch ihre Faust schnellte hart gegen seinen Oberarm. Er riß das Steuer herum, kam aus der Spur, fuhr direkt auf die an einem Überweg wartenden Menschen zu. Peggy pustete gegen ihren Pony. Der blaue Cinquecento mit der grellroten Aufschrift »Hauskrankenpflege mit Herz« kam quietschend an der Bordsteinkante zum Stehen. Das hinter die Windschutzscheibe geklemmte Schild fiel herunter. Hysterische Hupsignale rammten das Trommelfell. Japaner auf Sightseeing-Tour brachten Kameras in Anschlag, als wollten sie die stockende Autoschlange morden.

Tom ging das alles nichts an. Er steckte das Schild zurück, griff mit beiden Händen in seine dunkle, schulterlange Mähne, verharrte so. Die Locken, das wußte er, waren nicht das einzig Anziehende an ihm. Er setzte bisher auch bei guter Quote voll auf Wirkung. Nur Aufbau Ost war immer noch Arbeit in den Kolonien und Peggy eine Einheimische. Deshalb hatte er es bei ihr besonders schwer, zu christianisieren.

»Du riechst nach Fusel!« empörte sie sich künstlich. »Hast doch nur noch Salz, oder? Mach Schluß für heute, schlaf dich aus. Ich fahr zu ihm.« Scheinheilig schrieb sie aus den Akten Salz' Adresse ab. Tom beteuerte, er habe nichts getrunken, baute nun auf laszive Gewalt, senkte die langen Wimpern auf Halbmast, zog Peggy an sich und rammte seine Zunge in ihren Mund wie Lanzelot das Schwert in den Drachen.

Sie biß zu. Mehrmals. Tom jaulte auf, kramte fluchend nach einem Taschentuch. Als sich das tatsächlich rot färbte, hielt er es demonstrativ unter ihre Nase, als hätte er endlich den Beweis dafür, daß der Osten den Westen ausblutet. Sie nutzte seine schwache Phase, schnappte sich das Schild von der Windschutzscheibe, zerriß es in tausend kleine Schnipsel und ließ sie triumphierend aus dem Fenster segeln.

»Langsam drehst du ab, was!« lispelte er mit schmerzverzogenem Gesicht und startete wieder den Wagen.

»Arzt im Einsatz stand auf dem Schild!«

»Ja, und?« Tom hatte keine Lust mehr. Ständig legte sie alles auf die Goldwaage. »Wenn ich pro Patient oft nur zwanzig Minuten habe, muß ich manchmal im Parkverbot parken. Prompt kassieren mich die Bullen ab. Parkt ein

Arzt im Einsatz falsch, wagt keiner, ein Bußgeld aufzudrücken. Kapiert?«

»Du bist aber kein Arzt.«

»Wenn ich will, bin ich Gott.«

Genau, dachte Peggy. Sie hatte keine Beweise, nur bestimmte Dinge gehört. Aber keine Beweise haben, bedeutete nicht, daß nicht stattfand, was man vermutete. Sie würde Tom im Auge behalten. Schon lange traute sie seinem Charme nicht mehr über den Weg. Wollte sich Salz, einst Englischlehrer, in Englisch unterhalten, bestellte er Tom. Hatte eine ehemalige Lektorin das Bedürfnis, sich über Trochäus, Jambus oder Daktylus auszutauschen, stritt er mit ihr über Versfüße, auch außerhalb der Pflegezeiten. Tom spielte Klavier zu Weihnachten und zu Ostern den Osterhasen, und wenn jemand lange genug bettelte, wie beim letzten Frühlingsfest, rezitierte er schon mal selbstverfaßte Liebesgedichte: »Bleibe noch, bleibe, halte noch aus. Sehn möcht' ich dich in Wonne zerfließen ...« Nicht nur Patienten rührte er zu Tränen, auch Schwestern und Altenpflegerinnen schmolzen dahin. Er seifte jeden ein, um abzusahnen. Das jedenfalls sagte Diana.

»Bitte sehr, Madame!« Tom wies auf die fünfstöckige Mietskaserne, der erheblich Außenputz fehlte. Wer hier wohnte, bezog das Mindeste plus Wohngeld. »Willst du nicht aussteigen?« fragte er. »Oder möchtest du auf Händen getragen werden?«

Für den Moment war das Problem Salz erledigt. Er trug sie tatsächlich bis zu den Treppen. Peggy suchte den Schlüsselbund zur Wohnung Häppstädt, doch als sie die

Tür aufschloß, zog sie sofort wieder zu. Beißender Gestank schlug ihnen entgegen. Tom schob sie in die Diele. »Nase zu und durch!«

Die Häppstädt, drei Röcke übereinander, eine Strumpfhose am Hals verknotet, von oben bis unten mit Kot beschmiert, hielt ängstlich ihre Brüste umklammert und verfolgte mit fernem Blick den Krankenpfleger, der zu den Fenstern stürzte und sie aufriß. Peggy rannte zur Toilette. Kam aber nichts. Nur Brechreiz schnürte die Kehle zu. Auf der beigefarbenen Auslegware, dem Sofa, den gepolsterten Stühlen, überall war Häppstädtsche Verdauung verteilt.

Tom dirigierte die erst 65jährige ins Badezimmer. »Was haben wir denn da veranstaltet, mhm?«

Währenddessen fielen unaufhörlich Worte aus ihr: »Ungezogen verzogen habe abgedichtet vor mir hielt das Auto verdorbene Affenscheiße ...«

»Ja, Affenscheiße«, echote er, zog Gummihandschuhe über und begann, die vierzig Kilo Unglück zu entkleiden. »Und nun steig in die Wanne, Süße!«

Gehorsam hob die Patientin die Beine. Peggy war unsicher, ob sie die Selbstverständlichkeit, mit der er die dunkelbraunen Krusten anging, bewundern sollte. Er brachte sogar Liebkosungen fertig und schien sich vor schrumpeligen Schenkeln oder Händen mit Warzen nicht zu ekeln. Das aber, so hatte Diana gesagt, sei gerade der Knackpunkt. Und Diana mußte es wissen, betreute im Wechsel mit ihm dieselben Patienten! Er verstehe es, die Sehnsucht nach Berührung als alterslose Selbstverständlichkeit darzustellen. Er provoziere Wollust, die er, wenn sie tatsächlich ausbrach, zu nutzen wisse. Eine über 80jährige habe sich plötzlich den welken Mund pinkfarben geschminkt und Champagner statt Klosterfrau-Melissengeist auf die Einkaufsliste gesetzt. Und mit wem habe sie den gesüffelt? Und nun sei Tom am armen, alten Salz dran, der eigentlich eher wohlhabend sei und einiges an Antiquitäten habe. Irgendwas gehe da vor. Salz sei so auf Freitag fixiert. Eigentlich habe sie Dienst gehabt, aber Salz habe auf Tom bestanden. Warum Freitag, warum Tom? Paß auf ihn auf, hatte Diana gesagt, der kommt sonst richtig auf die schiefe Bahn.

Peggy suchte nach wirksamen Mitteln gegen die Fäkalien. War er wirklich zu allem fähig? Man konnte Toms Einsatz auch zu seinem Vorteil werten. Ihr jedenfalls gelang kein so intensiver Kontakt zu den Patienten. Wie oft hatte sie sich gewünscht, gut gekleidet in einer Bank Geld zu zählen, statt Frikassee zu entsorgen, das sie einen Tag vorher selbst verfüttert hatte. Und nun zusätzlich diese unkontrollierte Bedürfniserledigung! War das allerletzte. Sie war doch keine Putze! Die Häppstädt gehörte unter ständige Aufsicht in ein Pflegeheim.

Tom rief: »Bist du fertig mit der Stube? Wir fahren fix noch bei Salz vorbei und dann ab zum Wannsee. He, Peggy! Hörst du? Mach schon mal das Essen, um so schneller sind wir weg!«

Peggy war überrascht. Er wollte sie zu Salz mitnehmen? Sie starrte auf die Flecken, die sich unter der Bearbeitung mit Essigreiniger nur verbreitert hatten. Entnervt schmiß sie die Gummihandschuhe in den Mülleimer, schrubbte hysterisch die Hände. Danach belegte sie Brote. Die Tochter der Patientin hatte den mobilen Mittagstisch abbestellt. Ein abwechslungsreiches Speiseangebot sei Geldverschwendung. Patienten mit Alzheimer lebten in einer Welt ohne Regeln. Die Mutter benötige deshalb auch kein warmes Essen mehr.

Peggy stellte die Stullen unter Gaze, brühte Kamillentee auf und sortierte Tabletten in einen Eierbecher. Aus unerfindlichen Gründen akzeptierte die Häppstädt die Einnahme nur, wenn die Medikamente aus diesem Becher kamen. Vielleicht hatte Tom auch hier Tranquilizer abgezweigt? Sie lief zum Bad, lehnte sich an den Türpfosten und sah blicklos der ablaufenden Kloake nach. Die Häppstädt quietschte vergnügt, als Tom sie nun wie einen jungen Baum vornüber bog.

»Gut machst du das, mein Herzblatt!« Sein T-Shirt war durchgeschwitzt. Die Locken klebten an Wangen und Hals. Wie zwei nasse Lappen baumelten die Brüste der Frau über den Wannenrand.

»Sag mal ...« begann Peggy, »... hat dir Fräulein von Berkhausen wirklich Geld hinterlassen?«

Tom lächelte. »Bin eine gute Partie.« Er hielt den sprudelnden Duschkopf auf violette Schamlippen. Der starke Wasserdruck ließ sie aufgeregt flattern wie Schmetterlingsflügel. Dazwischen ein Höllenschlund, an dem früher vielleicht der Liebste seinen Atem verlor.

»Hat sie oder hat sie nicht?« Peggy klang verzweifelt, würde gleich losheulen angesichts dieses Elends. Niemals wird sie so enden. War das isolierteste Stück Leben. Gab kein Hoffen mehr, keinen Notausgang.

Tom verbrauchte den dritten Waschlappen und seifte die Frau nun ab. »Sollte ich das, was für die Berkhausen ein Trinkgeld war, mir aber ein paar Reisen ermöglicht, das Klo runterspülen?« Er sah ihr einen Augenblick fest in die Augen: »Noch Fragen?«

Die Patientin fiel in einen Singsang: »Trönschönfön imwalde vorsichhin ...«

Peggy entschloß sich zum Direktangriff. »Hast du rezeptpflichtige Tabletten abgezweigt, Tranquilizer vielleicht? Da ein paar, dort ein paar ...?«

»Weshalb? Wofür? Also, sag mal, was soll das alles?« Langsam verschwanden die Zigeunerlieder aus seinem Blick. »Und für dich hab' ich mich stark gemacht. Wo wärst du denn heute mit deiner Standarte auf der Birne, he?« fragte er angestrengt, weil er die Patientin aus der Wanne hob und in ein Badetuch hüllte. »Ostbahnhof oder Bahnhof Zoo! Haste mal 'ne Mark!« Er rubbelte die Frau trocken. »Hat dir Diana eingeblasen, stimmt's? Hör nicht auf die! Ist eine Mösenbeißerin! Verstehst du! Beißt alle weg, die ich haben will. Ich weiß, daß sie der Pflegedienstleitung gemeldet hat, daß hier und da Tabletten fehlen sollen. Aber verwirrte Patienten schmeißen halt auch Medikamente einfach ins Klo wie Haustürschlüssel oder Gebiß. Keiner hat doch den Überblick, wieviele Tabletten bei den Leuten herumliegen. Sind sie aufgebraucht, kommt ein neues Rezept. Und dann gehen auch Angehörige oder Nachbarn bei den Patienten ein und aus. Eigentlich müßten wir bei jedem Einsatz Tabletten zählen. – Sag mal, du traust mir wirklich zu, daß ich alte Herrschaften unter Drogen setze oder Greisinnen vögle, damit sie zu meinen Gunsten ihr Testament ändern, und danach bringe ich sie auch noch um?«

Frau Häppstädt, einst Hauptbuchhalterin in einem Großbetrieb, kletterte in einen Jogginganzug, beugte sich zu Tom und hob den Daumen. »Den hast du's aber verjubelt!« Sie krümmte sich vor Lachen und klatschte begeistert in die Hände.

»Auswandern müßte man«, sagte Peggy leise, »weg in die Karibik oder nach Thailand.« Und sie fragte sich, wie er auf Umbringen kam, hatte sie doch nur von fehlenden Medikamenten gesprochen.

»Wenn du möchtest, zischen wir ab«, bot Tom an. »Vielleicht im November? Zum Jahresende sterben sowieso einige Patienten weg, da ist die Personalsituation entspannter. Ich lade dich natürlich ein.«

War das die Strategie eines hinterlistigen, gefährlichen Rechners? Pflegst du die Trauben, sprudelt der Wein! Das sei sein Motto, hatte Diana gemeint. Sie wolle nichts unterstellen, aber aus der letzten Pflegestation sei er rausgeflogen wegen dieser Sache Berkhausen.

Tom führte Frau Häppstädt ins Wohnzimmer. Mit Verwunderung betrachtete die, was zubereitet war, und fegte blitzschnell mit einem Handstreich Essen, Tabletten und Tee vom Tisch.

»Oh, nein!« Peggy war nahe daran, die Fassung zu verlieren.

»Das macht sie, weil wir noch bleiben sollen«, sagte Tom. »Wir arbeiten eben in der Gerontopsychiatrie und nicht in einem Ferienclub. Mußt du eben von vorn beginnen!« Er setzte ein Lächeln auf, das, wenn es nicht einem Ziel galt, das erotischste Lächeln des aufregendsten Mundes war, dem Peggy bisher Verletzungen zugefügt hatte. Sie war hin- und hergerissen, ließ jetzt zu, daß er ihr unter den Rock faßte und dabei ihren Hals mit zarten Bissen traktierte. Weiter kam er nicht. Die dem Tode nahe Traumtänzerin riß ihn weg und wollte seine Hand küssen. Tom entzog sich mit aller Entschiedenheit.

»Ist ja gut! Alles in Ordnung! Okay. Okay ...« Er nahm die Tasche, legte ein Leider in seinen Blick und sagte: »Ich muß los! Sieh zu, daß sie mindestens einen halben Liter trinkt!« Er krümmte den Zeigefinger und strich damit mechanisch über ihre Wange. Pflegst du die Trauben, sprudelt der Wein. Peggy verschluckte die Frage nach dem Ausflug zum See. Tom roch plötzlich nach abgestandenem Olivenöl und vergammelten Tsatsiki.

»Bestattungsunternehmen ›Pietät‹. Am Apparat Auszubildende Duwel. Wat kann ick für Se tun?« Das blonde Mädchen im knappen, fliederfarbenen Lederkostüm schaltete den knatternden Ventilator ab und lauschte. »Momang, Momang, bin keene S-Bahn!« Sie drückte den Hörer gegen ihren üppigen Busen und winkte aufgeregt den schwarzen Anzug heran, der gerade das Zimmer betrat. »Det isser wieder, Bestattungssache Salz«, flüsterte sie und suchte einen falschen, lila lackierten Nagel, der bei der Hektik abgebrochen war.

Der Firmeninhaber, gleichzeitig Grabredner und Vater des nun auf allen vieren kriechenden Fräuleins, übernahm genervt das Gespräch. »Aber ja. Natürlich. Alles ist organisiert.« Er lachte mit versteinertem Gesicht drei sonore Laute, sagte: »Moment bitte!« und hielt seiner Tochter den Hörer wie einen Baseballschläger unter die Nase: »Wenn du dein Praktikum erfolgreich beenden willst, mußt du mehr als Schönheitspflege beherrschen. Es handelt sich um das Erdbestattungsreihengrab, zweistellig. Hilde Salz ruht schon, für ihn ist reserviert. Los, regle das!«

»Ick bin's wieder«, sagte sie kleinlaut und bekam rote Flecken an Hals und Wangen, als ihr zum Boß mutierter Erzeuger den Blick an ihre Lippen heftete wie eine Prüfungskommission. »Es geht um ... Nee, det kann nich sein. Se könn keene Urne bestellt haben!« Flehend sah sie zum Chef. Der wippte auf Zehenspitzen und schwieg eisenhart. »Na, da gibt's doch schon 'n Grab. Erdbestattungsreihengrab, zweistellig. Zweistellig heeßt ... Also, stelln Se sich 'n Carport vor! Car-port! Okay, dann eben 'ne Garage, aber mit zwei Stellplätzen ... Frau Salz hat schon geparkt, Herr Salz muß noch! Aber in' Sarg, verstehnse? Für Urnenreihengräber gibt's andere Plätze und Vorschriften. Sie wolln doch neben Ihrer Holden? Sag ick doch, im Leben vereint, im Tod verschmolzen ...«

Wutentbrannt entriß der Chef das Telefon, bat den Kunden in die Warteschleife zu Roy Blacks Welthit »Schön ist es auf der Welt zu sein ...«, eine höchstpersönlich ausgedachte Serviceleistung, um besonders labile Trauernde aufzumuntern, dann las er dem Lehrling die Leviten. »Haben deine Hörbolzen schon mal was von Immätschpflege gehört?«

»Immitsch heißt det! Is Inglisch! Immitsch!«

»Immitschpflege heißt Geschäft! Und solange du in meinem Geschäft bist ...« Er machte eine panische Pause, schmiß die Hand in die Herzgegend, japste.

»Sollst mich nich immer anhunzen!« Dramatisch bemühte sich die Tochter um Tränen.

»... solange du hier schaffst, verstehste, verkaufen hier keine Berliner Originale Parkplätze für Leichen, sondern Gräber für Verblichene! Trostspendende Worte! Särge! Eben das gesamte Bestattungspaket ... Also, sperr deine Löffel auf! – Hallo? Entschuldigen Sie, ich habe mich nur vergewissert. Ihr Sarg ist natürlich fertig. Zwei Meter fünf mal achtzig Zentimeter hoch, achtzig breit. Vollholz. Natürlich bestes Teak, fest gefügt und abgedichtet, damit jedes Durchsickern von Flüssigkeit ausgeschlossen ist. Wie das die Vorschrift will.« Der Chef bedeutete dem Azubi: So wird das gemacht! »Keine formaldehydabspaltenden, nitrozellulosehaltigen oder sonstigen umweltgefährdenden Lacke oder Zusätze. – Was? – Aber liebster Herr! Die Bekleidung der Leiche darf nur aus Papierstoff und Naturtextilien bestehen. Ist denn Ihr neuer Anzug hundert Prozent Baumwolle? Wir führen alles, was ein perfekt gekleideter Toter braucht. Und nun kann ich nur noch ein langes Leben wünschen. Wenn es dann eines Tages soweit ist ... Wie bitte? Am Sonnabend? Aber das ist morgen!« Der Bestattungsunternehmer mußte sich setzen und gab seinem Fleisch und Blut zu verstehen, sie solle die Telefonanlage auf Mithören stellen. »Woher wissen Sie, daß Sie morgen gestorben sein werden, verehrter Herr Salz?«

»Woher wissen Sie, daß Sie morgen noch leben?« schnarrte es zurück. »Ich jedenfalls werde gestorben sein. Also, was ist?«

Der Azubi tippte mit einem lila Nagel gegen die Stirn. »Is doch meschugge, Dad. Soll ick die Seelsorge oder die Polizei ...?«

Der Vater hätte platzen können. Die Blödheit der Tochter war unheilbar. Das Geschäft ließ er sich doch nicht durch die Lappen gehen. »Wer sind bitte Ihre werten Hinterbliebenen?« fragte er vornehm näselnd. »Jede Bestattung kann erst durch diese angemeldet werden, entweder bei der Friedhofsverwaltung oder einem beauftragten Bestattungsunternehmen. Ihr Ableben muß außerdem ein Arzt bestätigen. Die Verwandten kommen mit den Papieren dann zu uns, bei Erdbestattungen bis höchstens 96 Stunden nach dem Verbleichen.«

»Ich habe keine Verwandten«, sagte Salz. »Meine Frau hat schon geparkt. Ich parke morgen ein. Wie tief verbuddeln Sie mich eigentlich? Kann ich noch raus? Vielleicht bin ich nur scheintot.«

Nun schien sich auch der Unternehmer nicht mehr ganz sicher zu sein, ob das »Versteckte Kamera« oder ein Verrückter war. »Der Aushub von Oberkante des Sarges bis Erdoberfläche neunzig Zentimeter ...« Er begann, nervös im Zimmer auf und ab zu laufen, zog den schwarzen

Schlips locker und zeigte an, daß er unbedingt etwas trinken müsse. »Lange Rede, kurzer Sinn, ich brauche einen Totenschein. Der Überbringer können Sie schlecht sein, sind ja der Erbleichende. Sterben Sie eines natürlichen Todes?« Der Chef wollte nicht wirklich eine Antwort, weil ihm augenblicklich klar wurde, daß er in der Bredouille steckte. »Kurz und gut, Sie müssen unbedingt jemanden auftreiben, der Ihre amtlich bestätigte Leiche an mich übergibt.«

»Die Hauskrankenpflege kommt täglich. Ich leg den Vertrag und das restliche Geld hin.«

»Um Gottes willen. Pflegestationen haben meist ihre eignen Beziehungen zu Bestattern. Ich konkurriere nicht um einen Verblichenen.«

»Wissen Sie was«, sagte Salz, »ich erbleiche ohne Sie. Bringen Sie mir noch heute meine Anzahlung zurück!« Die Tochter sah schadenfroh zum Boß, denn die sogenannte Anzahlung war eigentlich schon die ganze Miete gewesen.

»Herr Salz!« begann der Unternehmer. »Ihr Begräbnis ist ein Maßanzug, der keiner andern Leiche paßt! Rede, Todesanzeige, Musik, alles Ihren Wünschen gemäß. Im Gegenteil, Herr Salz, Sie müssen mir noch was drauflegen, eine Stornierungsgebühr nämlich. Aber ich lasse ja mit mir reden. Sie sterben in Ihrer Wohnung? – Gut, dann komme ich morgen, sagen wir gegen zehn zu einer letzten Besprechung. Sie öffnen nicht. Ich rufe die 112 an. Mit der Feuerwehr kommt der Notarzt. Notarzt schreibt Totenschein. Ich kann entsorgen. Ist das ein Angebot? – Alles klar. Wir sehn uns!«

Die Tochter kicherte los. »Der kann dich morgen nich mehr sehn!«

»Du schweigst in Zukunft«, sagte der Chef und nahm einen Schluck vom stillen Wasser. »Du wartest nur noch auf meine Befehle!« Und er hatte auch schon den ersten: »Geh rüber zum Türken und hol mir 'n Döner!«

Tom parkte das Auto, steckte die eben gekaufte Wäscheleine ein und lief durch den kleinen Park auf das einst gutbürgerliche Haus zu. Die Krankenkasse hatte, solange noch keine Pflegestufe durch war, für Salz am Freitag genehmigt: Hilfe bei der erweiterten Toilette, also Baden, Tagesplanung und psychosoziale Betreuung. Gerade als er klingeln wollte, schob sich der Kopf der Nachbarin durch den Türspalt.

»He, junger Mann, komm mal her! Nun mach schon! Sonst hört der uns noch.« Die Mandelsohn flüsterte: »Der hat schon wieder seine lethargische Phase.«

Sie zog Tom energisch über die Schwelle und dirigierte ihn mit der Krücke auf einen Küchenstuhl. »Todsterbenskrank ist er. Sagt er. Hätte Alzheimer. Denkt er.«

Tom wußte bereits von Diana, daß die Frau auch ihr Löcher in den Bauch gefragt hatte, wohl weniger wegen der Sorgen um Salz. Ein bißchen quatschen wollte sie nur.

Die Mandelsohn setzte sich katzenfreundlich zu ihm. »Neulich, stell dir vor, hat er ganz deprimiert gesagt, sein Leben gleiche einer Pflastersteinstraße, deren Muster sich nach und nach in ein Nichts auflöst.«

»Leider ist das so«, erwiderte Tom. »Alzheimer-Patienten haben bis jetzt noch keine besseren Aussichten.«

Frau Mandelsohn erschrak gekonnt. »Der hat wirklich? Ach, du meine Güte! Ich dachte, der will mich nur ärgern. Alzheimer gegen Hüftgelenk! Ach, Gottchen, Gott. Der tut sich was an. Wie der heute drauf war. So hab ich ihn noch nie erlebt.«

Tom stand auf, legte seine Hand auf die ihre. »Deshalb passen wir beide gut auf ihn auf, nicht wahr? Aber jetzt muß ich ...«

»Man kann das nicht kurieren, operieren ...?«

»Hat Ihnen doch alles schon Schwester Diana erzählt.«

»Was? Unverschämtheit!« Die Mandelsohn fühlte sich ertappt, stand, so energisch es ging, ebenfalls auf und versperrte gewaltbereit mit ihrer Gehhilfe den Weg. Die gemeinsame Tasse Tee, schon von Salz verweigert, würde sie nicht noch einmal abschreiben. »Jetzt erzähl ich dir mal was, Jungchen ... Laß dich auf deine vier Buchstaben nieder ...! Du sollst Platz nehmen!« Tom gehorchte. Triumphierend setzte sie Wasser auf. »Von Diana weiß ich nur, daß sie drei Kinder hat. – Hat sie?«

Tom nickte. »Acht, elf und fünfzehn Jahre alt. Drei Buben. Für mich bitte keinen Tee!«

»Und ihr Mann ist unauffindbar, abgehaun vor zwei Jahren. Richtig?«

Tom nickte erneut.

»Kandiszucker oder Süßstoff? – Der Halunke hat ihr jede Menge Schulden hinterlassen. Korrekt?«

Tom schüttelte den Kopf.

»Was? Sie hat gar keine Schulden?«

»Keinen Zucker, keinen Süßstoff, keinen Tee, okay?«

»Weißt du überhaupt, daß Schwester Diana noch nie in einem Restaurant gespeist hat? Ihre Kinder und sie waren noch nie im Urlaub. Und sie haben nur ein Fahrrad ...«

»Und ein Meerschweinchen. Und zwei Katzen. Und der Wasserhahn in ihrer Küche tropft. Und Diana schläft schlecht und ißt zuviel, deshalb macht sie gerade wieder eine Diät, ja, ich weiß!«

Frau Mandelsohn holte das Teeservice aus dem Küchenbüfett und dekorierte Waffeln und Plätzchen auf einen Teller. Tom nutzte den Moment ihrer Beschäftigung zur Flucht. Hart fiel die Tür ins Schloß. Verärgert kippte die Mandelsohn das Gebäck in den Mülleimer und schimpfte: »Dann hau doch ab, du Schmachtlappen, und viele Grüße an den Simulanten!«

Bevor Salz öffnete, spähte er durch den Spion, weil er den Morgenmantel heute ganz bestimmt nicht mehr hereingelassen hätte.

Tom traute seinen Augen nicht. »Das faß ich nicht!« Der alte Knabe, sonst in viel zu weiter Strickjacke und abgewetzter Kordhose, trug einen aus gutem Tuch gefertigten, dunklen Zweireiher, darunter ein weißes Seidenhemd und statt Krawatte eine Silberbrosche. Das einst schlohweiße Haar, nun topfschwarz, war in verwegene Wellen gelegt. Er hatte sich rasiert und parfümiert, sogar seine Zähne reingedrückt.

Aus dem Radio kam leise Musik. »Ist die letzte Arie der Gilda aus Rigoletto«, sagte Salz und drehte und wendete sich feierlich. »Fabelhaft, nicht wahr, wie ein Firmenboß, mindestens Teilhaber.«

»Konzernchef!« Tom war begeistert und legte ebenso feierlich den Zettel mit der Telefonnummer auf den Tisch. Unvorstellbar, daß dieser Mann sich, wie die Nachbarin befürchtete, etwas antun wollte. Bisher waren auch keine Anzeichen für Alzheimer zu entdecken gewesen – weder verwirrte Abwesenheit noch unkontrollierter Bewegungsdrang. Lediglich zu niedrigen Blutdruck hatte er, den aber auch nicht täglich. Manche Ärzte machten es sich verdammt einfach bei so alten Krautern. Mund auf, Tabletten rein. »Soll ich jetzt anrufen, oder wollen Sie?« Salz sah Tom zweifelnd an.

»Was ist denn? Den Hausbesuch haben wir seit Wochen geplant, jedes Detail bekaspert. A little Striptease, vielleicht Massage ... Alles kann, nichts muß. Einfach pleasure pur.«

»Ach, ich weiß nicht ...« Salz gab sich geniert. Bei Hilde ging's immer sparsam zu, auch in der Liebe. Natürlich war er drauf versessen. Erst der kleine eine Tod, dann der große andere. Vielleicht konnte er auch noch zwei bis drei kleine Tode schaffen. Aber der Junge sollte ihn zwingen, damit er vor Hilde besser dastand. »Ist das die neue Leine?« Launig überprüfte er sie auf Festigkeit.

»Haben Sie denn Ihr Protestplakat schon fertig? Ich sehe keins. Wahrscheinlich immer nur Worte und nichts dahinter.« Tom mußte erst einmal die Lage peilen. Weshalb hatte Salz sich so rausgeputzt, wenn nicht für dieses Ereignis? »Nariba heißt sie. Sie weiß Bescheid und wartet heute auf Ihren Anruf.«

Salz schielte nach dem Zettel, sagte aber im Kasernenhofton: »Mein Protest ist formuliert. Hab ein Laken beschriftet.«

»Dann hängen wir's doch gleich auf!«

Salz lehnte ab: »Später, später!« und dachte: Wenn die Mandelsohn den Leichenwagen wegfahren sieht, wird sie öffentlich fluchen, aber heimlich stolze Tränen weinen, weil er wenigstens mit einem politischen Aufschrei gestorben war.

»Nariba spricht englisch, wenn sie überhaupt sprechen soll. Phantastisch, was? Kommt aus Kenia und ist wunderschön. Extras kosten extra. Wenn Sie zum Beispiel Natursekt ...«

»Mein Gott!« Salz sah in der Kammer nach. »Ich habe keinen Sekt, nur Schaumwein!«

»Macht nichts.« Tom gab die Nachhilfe auf. Würde schon irgendwie klappen. Auf Nariba war Verlaß.

Der Alte stand verlegen mitten im Zimmer. Dauernd strich er über seine Revers, als könne er nicht genug bekommen von dem feinen Stoff. Jetzt klopfte er seine Taschen ab und holte Scheine heraus. »Fünfhundert Mark, wird das reichen? Ist nur Kleingeld, dort ist mein Vermögen!« Er deutete Richtung Balkon auf die Kästen mit den verdorrten Tomatenpflanzen, setzte sich gedankenverloren auf sein Bett, sprang wie von der Tarantel gestochen hoch – der Mandelsohnsche Popel! – und befingerte seine Rückseite: »Wo ist das verdammte Ding!« Er drehte sich wie ein Hund, der nicht seinen Schwanz zu fassen kriegte.

Bestürzt betrachtete Tom die Szene. Ging es jetzt los?

War es nun auch bei ihm soweit? Vielleicht war die Ordnung in seinem Kopf aus den Fugen geraten wegen der Aufregung. Die verdorrten Tomatenpflanzen hielt er für sein Sparbuch, bald würde er die Pfleger nicht mehr erkennen und vergessen haben, was man mit Messer und Gabel tun kann.

»Aha!« Der alte Knabe strahlte, ließ sich nun im Sessel nieder und walkte etwas zwischen Daumen und Zeigefinger, bis er es wegschnippte. »Ob eine Seele übers Meer bis in die Sahara fliegen kann? Was denkst du, Jungchen? Ich wäre so gerne einmal auf einem Kamel geritten ...«

Tom lauschte jedem Wort nach, suchte einen Sinn. Manche Alzheimer-Patienten hatten bald nur noch Floskeln drauf, weil die einbetoniert waren in jedes Gehirn seit der Kindheit: Guten-Tag-Auf-Wiedersehn-Bitte-Darf-ich-Danke-schön. »Warum würden Sie denn gern auf einem Kamel reiten?« fragte er lauernd.

»Weiß nicht«, sagte Salz und schickte einen schelmischen Blick. »Vielleicht, weil ich das Pferd schon kenne. Hilde war eins.«

Sie feixten. Der alte Knabe war also noch nicht ganz durch den Wind. Bei der Häppstädt gab es immer seltener und nur für Momente eine Zeit des Erwachens. Hoffentlich ging es bei ihm nicht so schnell. Tom mochte Salz sehr, seine Melancholie, das After-eight-Englisch, aber auch die verlegene Lüsternheit. Vielleicht war diese Scheißverdunklung schuld! Der Alte sah doch seit zwei Jahren keine Sonne mehr! »Wissen Sie was«, entschied er, »ich reiße jetzt diese Fetzen vor den Fenstern ab.«

Salz erhob Einspruch. Man hätte das verboten. Gefahrenquelle, fremdes Eigentum! Doch Tom suchte bereits in der Kammer nach Werkzeug. »Brühen Sie uns währenddessen einen schönen Tee auf!« Er begann, die dunkelblaue Plastikfolie abzutrennen, kletterte über Gerüststangen nach oben, schnippelte auf dem Bauch liegend über die Breite und gleich die Fenster der Mandelsohn mit frei, hangelte sich nach unten, um nun die Seiten abzutrennen und trat dabei gegen einen Blumenkasten. Der ging zu Boden. Ausgetrocknete Erde verteilte sich, dazwischen lag ein grellgelber Beutel einer Einkaufskette, in dem sich etwas befand. Tom sprang neugierig herunter. War vielleicht ein toter Hamster drin. Er griff den Beutel mit spitzen Fingern. Scheine rutschten heraus. Hunderter, Fünfhundert-Mark-Scheine. Das war die Kleinigkeit von mindestens fünfzigtausend Mark! Hastig legte er den Beutel zurück in den Kasten, schaufelte mit den Händen Erde darüber und drückte die vertrockneten Pflanzen fest. Hatte Salz doch keinen Blödsinn geredet! Das hier war sein Sparstrumpf.

Und dort in der Ecke lag auch das sogenannte Protesttuch. Tom zog das Laken auseinander, um Löcher für das Seil zu schneiden, versuchte dabei die riesigen Buchstaben zusammenzusetzen: »*Rettet das Ha...us! Rettet den Lö...wen! Ich sterbe* – Was? *Ich sterbe dafür. Reinhold Salz.*« Tom las und las, der Inhalt blieb derselbe. Wütend schmiß er das Tuch hin und trennte den Rest der Folie ab. Er brauchte Zeit, mußte überlegen.

Endlich fiel die Verdunklung, gab Himmel mit Abendrot frei, gleichzeitig schlug ihm die Hitze wie ein Hammer entgegen. Salz kam mit dem Kännchen Tee in den Händen gerührt auf den Balkon. »Hast du gut gemacht, Tom. Mach's auch bei der Mandelsohn, ja?«

»Schon erledigt.« Tom versuchte dahinter zu kommen, was der Alte plante. Wie wollte er es machen? Sich vom Gerüst stürzen? Aufhängen? Pulsadern schlitzen? Alles zu unästhetisch für diesen Schöngeist. Blieben Gift oder Tabletten!

»He!« rief Salz. »Das ist der Tanzwalzer von Busoni, hörst du? Komm endlich! Dein Tee steht hier!« Tom schloß die Balkontür.

»Opus 53! Tamtudei ... einsunddrei. Busoni hat das 1921 komponiert und Strauß, dem Johann gewidmet.« Der alte Mann zwang plötzlich seinen Körper in den Rhythmus des Dreivierteltaktes ... eins, zwei, drei, links herum ... zwei, drei, vier, rechts herum, tanzte, als hätte er etwas sehr Wohlriechendes, Anschmiegsames im Arm und sagte ausgelassen: »Nun guck dir diesen Löwen an!«

Tom streifte kurz die Holzskulptur. »Und? Was ist mit dem?«

»Mich meine ich!« Salz ließ sich kurzatmig in den Sessel fallen. »Habe ich heute nicht etwas Animalisches an mir? Spürst du nicht das entschiedene Lauern des zum Angriff bereiten Kämpfers?«

»Ach, ja? Auf einmal?« gab Tom kehlig zurück. »Ich muß noch mein Amen in Ihre Akte setzen.«

»Natürlich, erst die Arbeit, dann der Tee!« Salz konzentrierte sich wieder ganz auf den Walzer, den er nun hingebungsvoll dirigierte. Hinter seinem Rücken zog Tom lautlos die Schubladen des englischen Büfetts auf. Im dritten Fach fand er unter weißen, langen Unterhosen, was er suchte: fünf unangebrochene Schachteln und noch einmal mindestens vierzig lose Tabletten in einem Plastiktütchen, alles rezeptpflichtige, blutdrucksenkende Mittel. Dieser verdammte Kerl! Er hatte schon zu niedrigen Blutdruck. Mit der Ration würde sogar ein junges Herz aufhören zu schlagen. Langsam machte Peggys Gequatsche Sinn. Aber wenn sie und Diana ihn verdächtigten, wer dann hatte Salz das Zeug besorgt? Die Chefin selbst? Ab und zu schaute auch sie bei Patienten rein. Oder Kerstin, eine Pflegehelferin, die einmal in der Woche für Salz putzte und einkaufen ging?

Tom steckte die Todespillen in seine Tasche, setzte sich zu Salz, der nichts bemerkt hatte, weil er noch immer ergriffen war von der Musik, trank einige Schlucke Tee, zerkaute abwesend ein Biskuit, dann konnte er nicht mehr. Es mußte raus, sonst platzte er. »Nun hören Sie mir mal gut zu, Sie Blödmann ...!«

Salz hielt inne, starrte ihn entsetzt an, ließ den Dirigentenarm sinken. Solche Ausdrücke war er von dem Jungen überhaupt nicht gewöhnt.

»Ich schrubbe verschwitzte Brüste aus Pommern, verkeimte Füße aus Schlesien, wunde Ärsche von der Wolga. Alles deutsche Schlaganfälle. Die müssen gefüttert werden. Und scheißen tun sie nur in Pampers, falls sie nicht zufällig auch noch Darmkrebs haben und einen an die Hüfte verlegten Ausgang. Dann kacken sie nämlich in Beutel. Die entsorge ich. Ich massiere in Betonköpfe Salben, desinfiziere eiternde Ostthrombosen und creme Westekzeme ein. Ich spritze Generälen a. D. Insulin, obwohl ich Pazifist bin und nun ...«

»Und nun das Ganze in Englisch, please! Translate, translate!« unterbrach erleichtert Salz. »Versteh dich doch, Junge. Bist auch mal fertig mit den Nerven. Brauchst auch ein bißchen Vergnügen. Hab nicht bemerkt, wie es um dich steht, tut mir leid. Aber kein Problem. Hab Geld für zwei Mädchen und Zimmer genug. Wir werden uns beide entspannen.« Er strahlte übers ganze Gesicht. »Stell dir vor, sie hat gesagt, sie freut sich auf mich. Und daß sie bleibt, solange ich will.«

»Solange Sie zahlen! Vergessen Sie das nicht. Soll das heißen ... Ja, was heißt denn das nun?«

»Das heißt: Der alte Blödmann hat sich getraut anzurufen, vorhin, als du auf dem Gerüst herumgetanzt bist. Was ist nun? Soll ich eine Dame mehr bestellen?«

Tom hob die Hände. »Vielleicht beim nächsten Mal.«

»Na, dann zieh Leine!« befahl Salz. »Fräulein Nariba ist in einer Viertelstunde da.«

Peggy war wie eine Irre mit dem Fahrrad losgerast, lag nun hinter einem Gebüsch des kleinen Parks auf Posten und starrte seit geschlagenen zwei Stunden auf das Haus. Es war so still hier und friedlich. Die Temperatur wurde langsam erträglich. Vögel zwitscherten. Es roch erdig und nach Akazien. Irgendwie kam sie sich blöd vor, wußte nicht mehr so recht, was das sollte. Sie hatte Tom auf dem Gerüst und Salz auf dem Balkon gesehen. Der Patient war höchst lebendig, und der Pfleger, soweit sie das jetzt überblickte, schleppte nicht eine Antiquität weg. Er hatte lediglich Überstunden geschoben, die niemand bezahlen würde.

Tom kam näher. Peggy zog den Kopf ein. Sein Auto war schräg gegenüber geparkt, höchstens fünf Meter entfernt. Er schloß auf, kurbelte die Fenster herunter, griff sein Handy und lehnte sich gegen das Heck. »Hallo, mein Schatz, ich bin's!«

Dieser Mistkerl! Peggy kochte. Hätte sie sich denken können! Na, prima! Na, fein! »Ich warte auf dich, Küßchen«, hörte sie ihn plappern, ein paar Sekunden später klingelte ihr Handy. Zu Tode erschrocken schmiß sie sich auf den Lederrucksack. Tom mußte das Klingeln hören! Sie meldete sich mit einem piepsigen »Hallo.« Er fragte, ob er sie geweckt habe. Peggy hörte seine Stimme in Stereo. Er mußte ihre hören! Sie hustete verhalten, kippte fix ihren Rucksack aus und stülpte sich den über Kopf und Hand mit Handy. »Ja ...« sie gähnte, »hast mich geweckt. Die Häppstädt war aber auch heute ein harter Brocken. Was ist denn?«

»Fahren wir noch zum Wannsee? Bin schon auf dem Weg und hol dich ab, sagen wir in einer Viertelstunde?«

»Nein, nein.« Sie mußte sich zusammenreißen. Dieser Schleimklumpen hatte es wirklich drauf. »Kriege gleich Besuch. Vielleicht ein andermal.« Sie kroch aus dem Rucksack und schnappte nach Luft. Vorsichtig sah sie durchs Gebüsch. Worauf wartete der Typ denn noch? Warum fuhr er nicht zu seinem Schatz? Stand rum wie bestellt und nicht abgeholt! Also mußte sie auch liegenbleiben. Aber sie hatte Hunger, und müde war sie wirklich. So geräuschlos wie möglich sammelte sie ihre Sachen ein, ließ Tom aber nicht aus den Augen. Nun legte er das Handy weg, rauchte eine Zigarette und noch eine ... Vielleicht hatte er sie bemerkt?

Hinter dem Auto der Hauskrankenpflege bremste scharf ein Opel. Peggy sah, wie Tom breit grinste. Eine Schwarze stieg aus, die Kurven hatte wie ein Fotomodell der üppigeren Sorte. Das Haar war zu Zöpfen geflochten und mit Perlen verwebt. Den edlen Körper umgab hautenges, feines Gewebe. Nur die Turnschuhe paßten nicht recht zur Aufmachung.

Peggy pustete gegen ihren Pony. Tom breitete die Arme aus, ging der Frau entgegen, küßte sie, dann sprach er auf sie ein, verdammter Mist, in Englisch! Sie nickte eifrig. Bestimmt eine Komplizin! Die beiden umarmten sich noch einmal. Dann fuhr Tom los. Die Schwarze verschwand Richtung Haus, ein paar Momente später zeigte Salz ihr die schöne Balkonaussicht. Das sollte nun jemand verstehen. Peggy legte sich ins Gras, starrte in den Himmel und versuchte, die Gedanken zu ordnen. Hier war alles so still und friedlich, die Temperatur angenehm ... der Duft nach Akazien machte ganz schläfrig. Zehn Minuten nur die Augen schließen, dann würde sie weiter aufpassen, auf was genau, wußte sie selbst nicht. Vielleicht räumte die Schwarze ja die Bude aus!

Als Peggy erwachte, sah sie sich verwirrt und ängstlich um. Es war mittlerweile dunkel geworden. An den Büschen und Baumkronen zerrte der Wind. Bald würde es gewittern. Sie fröstelte und die Wange schmerzte, weil sie auf dem Rucksackverschluß gelegen hatte. Schnell tastete sie nach dem Rad, stand auf und schob es auf die schwach beleuchtete Straße. Mein Gott, es war schon zehn durch! Und der Opel stand noch immer da. Etwas weiter weg, näher dem Haus zu, parkte nun auch ein anderes Auto. Schon wollte sie wegfahren, als sie jemanden am Gerüst hantieren sah. Oder war es nur der Schatten der flatternden Folie? Nein, jemand kroch da herum. Entschlossen stieß sie ihr Rad zurück in die Büsche und schlich näher heran. Ja, da war einer! Auf Höhe des Balkons von Salz kamen nun Arme, dann ein Oberkörper heraus. Der Jemand nahm einen der Blumenkästen, stieg damit ab, was dann geschah, war nicht zu erkennen. Erneuter Aufstieg, der Kasten wurde zurückgestellt. Die Person kletterte herunter und hob etwas von der Erde auf. Peggy pirschte sich zu den Autos, prägte sich das Kennzeichen des Opels, dann das des anderen Wagens ein. Vielleicht war diese dunkle Gestalt da vorn Tom? Er holte ab, was ihm die Schwarze herausgelegt hatte? Ein feines Pärchen! Was sollte sie bloß machen?

In keinem Fenster ging Licht an. Niemand nahm die Verfolgung auf. Nur sie kauerte wie versteinert zwischen Büschen und wartete, daß der Jemand endlich den Lichtkegel der Laterne passierte. Was, wenn Tom alles bestritt? Nein! Das war doch ... unmöglich! Das konnte nicht sein! Aber sie war es, auch wenn die Mütze ihr langes, blondes Haar versteckte. Die Figur, das Profil! Die Frau drückte einen gelben Beutel vor den Bauch, sah sich nach allen Seiten um, schmiß den Beutel ins Auto und fuhr ohne Licht langsam, fast lautlos davon.

Gegen Morgen hatte es ein starkes Gewitter gegeben. Die Affenhitze war endlich vorbei. Peggy war sofort zu Tom geradelt. Sie hatten die halbe Nacht verquatscht und sich schließlich auf eine Strategie geeinigt. Deshalb mußten sie jetzt raus, um pünktlich mit der Chefin der Hauskrankenpflege und der Wochenendschwester beim Patienten Salz zusammenzutreffen. Sie tranken einen Kaffee im Stehen und fuhren los, obwohl von Fahren kaum die Rede sein konnte. Wer nicht arbeitete, mußte Frau und Kinder spazierenfahren, Einkäufe erledigen oder alles auf einmal. Das ergab das übliche Chaos. Der Verkehr geriet immer wieder ins Stocken. Tom war der Verzweiflung nahe, denn die Zeit saß ihnen im Nacken. Endlich konnten sie in Nebenstraßen abbiegen. Gleich waren sie am Park. Sie passierten den Opel der Schwarzen, der keinen Zentimeter bewegt worden war, als Peggy plötzlich aufgeregt nach vorn wies: »Sieh mal, was ist denn da los? Mann! Tom!« Sie schlug die Hände vors Gesicht. »Er hat's doch getan!«

Feuerwehr, Krankenwagen und eine große, schwarze Limousine – der Leichenwagen – standen vor Salz' Haus. Tom hielt das Steuer umklammert, obwohl er den Motor längst abgestellt hatte. »Das kann nicht sein! Nariba hat mir versprochen, auf ihn aufzupassen. Verdammt!«

Sie rannten los. Die Hecktüren des Leichenwagens waren weit geöffnet, davor eine Blondine, die zwei Sargträgern Anweisungen gab.

»Was ist passiert?« fragte Tom und sah am Gerüst hoch. Salz hatte nicht einmal mehr sein Protestlaken aufgehängt!

»Sie sin'n Enkelchen, stimmt's? Aber sin Se ooch Erben? Die Kostenfrage muß noch geklärt werden.«

»Setz dich ans Steuer!« fauchte grimmig ein Mann in Schwarz und verbeugte sich vor Tom und Peggy. »Wir fahren wieder«, rief ein Feuerwehrmann. Die meisten Leute stiegen ein.

»Herzliches Beileid«, sagte der Bestatter. »Wenn Sie Fragen haben, dort ist der Arzt. Wir besprechen das Begräbnispaket später.«

»Tut mir leid, Herzversagen.« Der Arzt übergab dem Bestatter irgendwelche Zettel. »Aber ihr Alter war christlich. Sie können davon ausgehen, daß es von Gott gewollt war. So – wir müssen weiter!« Auch der Krankenwagen fuhr weg.

»*Ihr* Alter?« fragte Tom verdattert, und das Mädchen fragte ebenso verdattert zurück. »Mein Alter? – Na, ick bin ... neunzehn, würd ick sagen, warum?«

»Wer liegt denn in dem Sarg?«

Das Mädchen wurde zickig. »Ick rate mal: 'ne Leiche? Un nu rat du!«

Tom rannte ins Haus. Die Tür zur Wohnung der Mandelsohn stand offen. Am Tisch saßen die Pflegedienstleiterin in Radlerkleidung, die Krankenschwester Diana und Herr Salz in seiner abgewetzten Kordhose. Tom stürzte auf ihn zu wie ein Hund, der sein Herrchen erkennt.

»Stell dir vor«, begann Salz sichtlich betroffen, »der Morgenmantel ist einfach umgefallen. Hat geklingelt, randaliert ja jeden Morgen zum Frühstück. Wollte mit mir grünen Tee trinken. Da sieht sie ... Also, sie erblickt meinen Besuch ... Ich unterrichte wieder, mußt du wissen, Nachhilfe Deutsch Englisch, Englisch Deutsch ... Also, sie sieht meine Schülerin. Fräulein Nariba fragt auch noch: How are you, Misses Mandelsohn? Und platsch, fällt sie um.«

Alle nickten. Alle schwiegen nachdenklich. Alles war tragisch, aber andererseits ...

»So ist das Leben«, sagte Salz in sein Taschentuch und schneuzte sich kräftig.

»Und wie geht's jetzt weiter?« fragte die Chefin, die sich an derlei Abschiede von Berufs wegen gewöhnt hatte und jetzt, wo Tom und Peggy eingetroffen waren, die andere Angelegenheit geregelt wissen wollte. Schwester Diana sah demonstrativ auf die Uhr und erhob sich. »Kommen Sie, Herr Salz, wir sind spät dran und müssen uns noch waschen!«

Salz war empört. »Ich habe meine Morgentoilette bereits erledigt. Was ich brauche ist Schlaf. Habe nachts kein Auge zugetan.« Er zwinkerte Tom verschwörerisch zu und erhoffte sich Beistand.

»Gut«, sagte Tom ungerührt und holte den Beutel mit den Tabletten aus der Tasche. »Wenn Sie nichts als Schlaf brauchen, dann schlucken Sie jetzt das hier. Was glauben Sie, wie fest Sie schlafen werden!«

Die erste, die reagierte, war Diana. »Hab ich's nicht gesagt? Ich hab's schon lange gesagt!« Triumphierend sah sie Peggy an.

Salz betrachtete intensiv seine Hände, begann dann zu nicken. »Du hast also in meinen Schubladen gekramt. Sehr unanständig von dir.«

»Woher haben Sie die Tabletten?« fragte die Pflegedienstleiterin streng. »Wissen Sie, daß Selbstmordkandidaten in eine psychiatrische Klinik eingewiesen werden?«

Salz philosophierte über die Fragen hinweg. »Der Mensch hat einen freien Willen. Wer hat über mich zu befinden? Nur der da oben oder ich. Aber behaltet das Zeug ruhig. Abgesehen davon, daß mir der vitale Morgenmantel fehlen wird, geht es mir fabelhaft. Im Winter werde ich sogar verreisen. Wollte schon immer mal auf einem Kamel reiten. So. Und nun beenden wir diese Peinlichkeit endlich!« Er lächelte, auf Vergebung aus, mit Bernhardinerblick in die Runde.

Diana schickte sich zum Gehen an. »Wenn der Patient keinen Einsatz mehr wünscht, sollte ich mich um die anderen Patienten kümmern.«

»Warten Sie noch!« Die Chefin hielt sie fest: »Zehn Minuten, länger dauert es bestimmt nicht mehr.«

»Sie wollen also verreisen«, konstatierte Tom mit einem sarkastischen Unterton. Salz nickte heftig.

»Das werden Sie sich aber nicht leisten können«, erwiderte Tom schadenfroh. »Ihr Sparstrumpf ist nämlich weg. Gehen Sie! Schauen Sie nach! Na, los! Machen Sie schon.«

Diana öffnete das Fenster und lehnte sich hinaus. Die Chefin baute sich an der Zimmertür auf und hielt nervös Ausschau nach dem alten Mann. Sie hatte ihr freies Wochenende. Die Familie wartete. Eine Radtour war geplant.

Als Salz zurückkam, war er völlig aufgelöst. »Junge! Mein ganzes Vermögen ... Alles weg.«

Tom wandte sich an Diana. »Der Patient kann sich doch beruhigen, stimmt's? Das Geld ist doch bei dir gut aufgehoben, oder?«

»Was für Geld?« Hilfesuchend lief sie zu Peggy, faßte sie bei den Händen. »Sag du doch auch mal was! Das muß ich mir nicht bieten lassen. Von dem doch nicht. Du weißt doch, wer hier wen ausnimmt. Ich habe keine Ahnung, wovon der redet.«

Peggy machte sich frei, sagte tonlos: »Wir holen jetzt das Geld bei dir ab.«

Und Tom ergänzte: »Am Montag bringen wir es gemeinsam zur Bank, okay, alter Knabe?«

»Stimmt das?« fragte Salz enttäuscht und trat dicht an Diana heran. »Schauen Sie mich an, Schwester! Haben Ihnen die dreitausend Mark für die Tabletten denn nicht genügt ...?«

»Dreitausend Mark! Sie faseln dummes Zeug, Herr Salz!« Diana lachte gekünstelt. »Der ist ein Alzheimer! Daß solche Patienten verquer quatschen, wißt ihr doch! Ich verstehe überhaupt nichts mehr. Was wollt ihr eigentlich?«

»Klartext reden!« antwortete Peggy. »Ich habe dich gestern beobachtet, nachts. Du hast kein Auto, warst aber trotzdem mit einem da. Man wird es finden. Ich habe das Kennzeichen. Soll ich beschreiben, was du anhattest?«

Die Farbe wich aus Dianas Gesicht, die Miene entglitt ihr. Noch kämpfte sie um Beherrschung. Plötzlich schrie sie: »Schießt! Na, los! Erschießt mich doch!«

Die Chefin ging zum Telefon. »Ich rufe die Polizei.«

»Nein!« Salz hielt sie auf. »Ich kriege doch mein Geld wieder?«

Diana nickte und begann herzergreifend zu schluchzen.

»Wir müssen das anzeigen, alter Mann«, sagte Tom.

Doch Salz hörte das nicht mehr. Nariba zupfte ihn an der Jacke, und etwas verlegen wisperte sie: »Haben Tee fertig heiß! Grüner Tee.«

»Oh, dann geh ich mal ein Täßchen trinken.« Salz war nicht mehr von dieser Welt. Er folgte dem Mädchen, und gepackt vom Ehrgeiz erledigte er seine erste Nachhilfe. »Grammatikalisch richtig muß es heißen: Der Tee ist fertig. Oder: Ich habe für dich eine Tasse Tee zubereitet. Grünen Tee. Grünen Tee? Woher hast du das Gesöff überhaupt?«

Die Autorinnen und Autoren

Um Geburt und Leben von **Walter Satterthwait** *(»Der Menschenfresser von Poojeegai«)* ranken sich Mythen und Geheimnisse. Nur soviel steht fest: Satterthwait wird am 23. März 1946 als Widder geboren und arbeitet lange Zeit als Löwenbändiger. Seitdem interessieren ihn die Könige der Steppe auch in astrologischer Hinsicht. Der mit dem ›Prix du Roman d'Aventures‹ ausgezeichnete Autor lebt in Santa Fe, New Mexico und veröffentlicht Krimis wie ›Oscar Wilde im Wilden Westen‹, ›Miss Lizzie‹, ›Mit den Toten in Frieden‹, ›Eine Blume in der Wüste‹, ›Eskapaden‹ und ›Maskeraden‹.

Sein Geburtsdatum, der 21. Dezember 1952, macht **Richard Dreier** *(»Der Fisch im Löwenpelz«)* zu einem Grenzfall zwischen Schütze und Steinbock. Er selbst präferiert den Schützen, dessen überraschende und offensive Art ihm im Laufe seines Lebens immer wieder neue Wege und Handlungsmöglichkeiten eröffnet. Der in Rothenburg ob der Tauber geborene Dreier glaubt an die Macht der Sterne mit der gleichen Überzeugung wie an den deutschen Schlager. Er wird Komponist und Sänger und nimmt Anfang der achtziger Jahre zwei Schallplatten auf. Erst während einer kleinen Tournee entdeckt Dreier die Lust am Schreiben. Bei den *Astrokrimis* wählt er das königliche Feuerzeichen, weil er sein Leben lang von ihn liebevoll hofierenden Löwefrauen umringt ist. Dreiers Aszendent ist der Widder.

Als brisante Mischung aus Sternzeichen Löwe und Aszendent Skorpion wird **Anneli von Könemann** *(»Ordnung ist der halbe Tod«)* am 8. August 1961 um 13 Uhr in Wuppertal geboren. Bei den *Astrokrimis* hält sie daher die Idee, über ein anderes Sternzeichen zu schreiben, für komplett abwegig. Schließlich handele es sich bei der königlichen Raubkatze um »das beste Sternzeichen überhaupt«. Und mit weniger habe sie sich noch nie zufriedengegeben. Nach der Ausbildung läßt sich von Könemann zunächst als Dolmetscherin anstellen und bringt der Reihe nach Chefs und Kollegen in Kurzkrimis schnöde um die Ecke. Dem Genre bleibt von Könemann heute mit ihren zahlreichen Beiträgen zu Krimianthologien treu. Sie selbst gibt die Anthologie ›Mordsweiber‹ heraus und ist Preisträgerin des 1. Autorenwettbewerbs der Fancy Media Company für Kurzkrimis.

Seit fast zwei Jahrzehnten ist die Waage **Sabine Deitmer** *(»Pascha ist tot«)* mit einem großzügigen und temperamentvollen, aber wasserscheuen Löwen liiert. Seit eine versierte Freundin ihr das Wesen des Löwen an sich erklärt hat, versucht Deitmer auch nicht mehr, ihn zum Schwimmen zu überreden. Die am 21. Oktober 1947 in Jena geborene Autorin pendelt zwischen einer Ordnung aus vier Beamtenurkunden aus drei Bundesländern und dem Chaos einer »genußsüchtigen Schlampe«. Ihre besonderen Kennzeichen: Tierfreundin und Langschläferin. Mit ›Bye, bye Bruno‹, ›Kalte Küsse‹ und ›Neon Nächte‹ wird sie zu einer der erfolgreichsten deutschen Krimiautorinnen und erhält 1995 den Deutschen Krimipreis. Ihre Sicht der Astrologie: »Irgendwas is wohl dran ...«

Eines schönen Augustnachmittags im Jahre 1946 kommt – am 4. gegen 4 – in Kirchen an der Sieg ein kleiner Löwe zur Welt, der den Namen **Jürgen Alberts** *(»J. B. Cool und das verschwundene Image«)* erhält. Er studiert später in Tübingen und Bremen und schreibt eine Dissertation über die BILD-Zeitung. Seine schriftstellerische Karriere beginnt mit zehn Romanen, die in der Hansestadt Bremen – seinem heutigen Wohnort – angesiedelt sind. Letzter Fall seines dauerbekifften Serien-Detektivs »J. B. Cool meets Jesus Christ«. Zusätzliche Erfolge: ›Hitler in Hollywood‹ und ›Der Anarchist von Chicago‹. Alberts gewinnt 1988 den ›Glauser‹, 1992 den ›Serner‹, zwei Jahre später den deutschen Krimipreis und 1998 den ›Marlowe‹. Ansichten zur Astrologie hat er keine.

Am frühen Morgen des 2. November 1947 kommt **Bärbel Balke** *(»Im Haus des Löwen«)* in Saalfeld zur Welt. Sie studiert Verkehrstechnik und Literatur, arbeitet bis 1981 als Redakteurin, Kellnerin und Pressereferentin. Danach hält es ihre eigenwillige Natur nicht mehr mit den festen Angestelltenverhältnissen. Als freischaffende Skorpionin mit einem ausgeprägten Hang zu Liebe, Mord und Totschlag veröffentlicht sie nicht nur etwa 140 Chansontitel, sondern auch Hörspiele, ein Tanztheaterstück und zahlreiche Erzählungen, darunter ›Die weiße Witwe‹, ›Herbstzeitlose‹, ›Eine verdammt anständige Frau‹, ›Wer A sagt, muß auch Babette sagen‹, ›Der Abrichter‹. Balke verfaßt ein Sachbuch über weibliche Gewalt und den Kriminalroman ›Pas de deux in den Tod‹. Um sich eine vorhergesagte Lotto-Million zu sichern, ist Balke gern bereit, an Astrologie zu glauben.

Die Herausgeberinnen

Ursprünglich als Jungfrau geplant, zieht **Thea Dorn** intuitiv ein doppeltes Feuerzeichen vor und kommt – vier Wochen zu früh – am 23. Juli 1970 in Offenbach zur Welt. Die Löwefrau mit Aszendent Schütze geht nach dem Abitur ins antarktische Südgeorgien, um dort das Verhalten der Kaiserpinguine zu erforschen. Später arbeitet sie als Dozentin für Philosophie an der Freien Universität Berlin und hält Seminare zu Fragen der modernen Ethik und Ästhetik. Sie veröffentlicht die Kriminalromane ›Berliner Aufklärung‹, ›Ringkampf‹ erhält den *Marlowe* und für ›Die Hirnkönigin‹ den Deutschen Krimipreis 2000. Ihr Theaterstück ›Marleni‹ wird im Januar 2000 in Hamburg uraufgeführt. Nach einem für Feuerzeichen typischen anfänglichen Skeptizismus nähert sich Dorn durch die intensive Arbeit an den *Astrokrimis* der Weisheit der Sterne. »Seit ich weiß, daß fast kein Krimiautor Fische ist, schaue ich bei manchen Menschen genauer hin.«

Als die Sonne am 13. August 1966 über dem Rhein am höchsten steht, erblickt **Uta Glaubitz** in Bad Godesberg das Licht der Welt. Als nicht ganz umgängliche Mischung aus Löwe mit Aszendent Skorpion wächst sie in Köln auf und beginnt, sich für den FC, Kölsch und Karneval zu interessieren. Glaubitz studiert Philosophie, Anglistik und

Chaostheorie und unterstützt heute als Berufsfindungsberaterin andere darin, ihren Traumjob zu finden. Sie gibt Seminare, veranstaltet Konferenzen und veröffentlicht unter anderem den Bestseller ›Der Job, der zu mir paßt‹. Ihr Verhältnis zur Astrologie konzentriert sich vor allem auf die Beschäftigung mit schwierigen Konstellationen. Glaubitz ist der festen Überzeugung, daß man nur lange genug in der Kneipe sitzen muß, um auch die letzten Geheimnisse der Astrologie aufzuklären.

Als Waage mit Aszendent Krebs wird **Lisa Kuppler** am 7. Oktober 1963 im schwäbischen Eßlingen geboren. Während eines vierjährigen USA-Aufenthalts studiert sie amerikanische Geschichte und Literatur und schließt mit einem Magister in amerikanischer Umwelt- und Frauengeschichte ab. Sie entdeckt ihre Liebe zu Hollywoodkino und Populärkultur, zu Trash, Camp und Star Trek. Ihr Mars im Skorpion prädestiniert sie zu einer Karriere im *hard boiled* Krimigeschäft. Sie arbeitet als Lektorin von Krimireihen und widmet sich der Neuübersetzung von Altmeister Mickey Spillane. Kuppler glaubt, daß die Astrologie ein magisches Ordnungssystem der menschlichen Wesensarten ist, das heute durch laienpsychologische Deutungen völlig verwässert wird. Die passionierte Kampfsportlerin lebt in Berlin-Mitte. Daß die nach eigenen Angaben typische Waage sich privat wie beruflich mit Löwefrauen umgibt, schreibt sie einem abstrusen Winkelzug der Astrologie zu.